袁隆平画伝
ハイブリッドライスの父

辛業芸　毛昌祥　王精敏 著
段景子 監訳
日中翻訳学院　田中悦子 ほか 訳

FUJISAN PRESS

袁隆平

吴作人题

为日本侨报社出版袁隆平画集日文版而题 癸丑秋日

目　次

袁隆平――永遠の夢追い人 5

農業科学を変革させた人――袁隆平 9

第 1 章　教育を尊ぶ、優れた家柄 11

第 2 章　困窮と流浪、波乱の幼年期 21

第 3 章　勉学に励み、頭角を現した青少年期 27

第 4 章　教学相長ず、悔い無き青春時代 37

第 5 章　未知を探求し、未来を見通す 47

第 6 章　共に手を取り、大事を成す 57

第 7 章　「南繁北育」、難関に挑む 65

第 8 章　挑戦と奮闘、止まらぬ探求 83

第 9 章　世界に比肩し、広まる名声 113

第10章　平和の種まき、世界を幸せに 129

第11章　初心を忘れず、「三農」を案ずる 153

第12章　国の重宝、尊き勲功 165

第13章　先人の知恵を受け継ぎ、教育を重んじる 173

第14章　溢れる才気で、科学研究へ取り組む 181

第15章　華々しく栄誉を重ね、心静かに遠きを致むる 191

第16章　「袁隆平星」永遠に光り輝く 209

付　　録 220

あとがき 244

袁隆平——永遠の夢追い人

　中国の食糧の安全に貢献した科学者として、まず名を挙げられるのは中国工程院の袁隆平院士だろう。2020年、新型コロナウイルスの感染が世界中に広まると、食糧の輸出禁止や、輸入と備蓄を増やす措置を講じる国々が出始め、中国でも食糧危機の発生を危惧する声があがった。袁氏はマスメディアを通じ「中国では食糧不足は起きない。心配はいらない」と呼びかけた。影響力のある科学者として、その発言は信念と自信に裏打ちされていた。現在、我が国の1人当たりの食糧占有量は470kgである。国際的な食糧安全基準とされる1人当たり400kgを大きく上回り、全国民が1年間必要とする十分な量の籾とコムギの備蓄がなされている。コメもコムギも供給に不安がなく、食糧の供給が安定しているのは、袁氏など多くの農業科学者の貢献によるものである。

　コメは我が国の主要な食糧であり、我が国の6割以上の人々にとって主食でもある。ハイブリッドライスは中国のコメの半分を占めており、毎年の作付面積は2億ムー（約1333万ヘクタール）を超える。ハイブリッドライスがなければ、中国人を十分に食べさせるだけのコメを生産することはできない。袁氏は「ハイブリッドライスの父」として、我が国のハイブリッドライス事業を起こし、中国人の食を支えてきた。袁氏は「ハイブリッドライスは通常のイネより20％前後収量が多く、その増産高で7000万人を養うことができる」と誇らしく話されていた。袁氏から3度にわたって聞いた「小さな目標」は、特に印象深く覚えている。

　1度目は2010年8月、湖南省へ晩稲（おくて）の生産状況を視察に行き、袁氏を訪ねた時のことだった。この訪問をきっかけに、袁氏との親しい付き合いが始まった。袁氏は当時81歳と高齢だったが、なおも圃場で奮闘していた。袁氏は80代になって「小さな目標」ができたと言われた。その小さな目標というのは、スーパーハイブリッドライス技術を用いて、3ムー（約20アール）の土地で栽培を行い、4ムー（約27アール）分の食糧生産を目指すということだった。この試

みが後に、スーパーライスの「種三産四」多収穫プロジェクトと呼ばれるようになった。食糧生産を支援し責任を負う農業部部長として、私はこの多収穫プロジェクトをイネ多収穫化事業へ組み込むことをその場で決めた。この事業は湖南省ですでに十数年にわたり実施され、イネの収量を毎年平均して10億kg余り増やし、その量は食糧生産の多い1県分に相当する（中国では「食糧」に穀物のほか、豆類とイモ類も含む）。

　2度目は2013年4月に、海南省三亜市の南繁育種基地で袁氏に会った時のことだった。上機嫌で私の手を引く袁氏に畔道を案内され、研究チームが栽培する「種子選手」と名付けられたスーパーライスを視察した。そして、私は袁氏と共同で第4期スーパーライス多収量計画への着手を発表した。日が照りつける昼間に、袁氏は太陽の下で稲穂をなでながら「私の科学研究チームは、5年前後で単収1000kgの達成を目標として掲げてきた。3年以内に大きな成果を出す計画を立てており、9割5分の自信がある」と話した。「スーパーライス」の単収は当時、900kgの第3期目標をやっと超えたばかりだった。その状況からいえば、実現は非常に困難な状況にあった。だが袁氏は休むこともなく、新たな目標に向かって進み始めていた。私は「袁院士が自信のあることなら、当然私たちも自信が湧く。困難なプロジェクトではあるが、農業部は第4期スーパーライス多収量計画を全力で支持する」と答えた。私は北京に戻り、部内でこの計画に向けて支援体制を構築した。2年後に第4期スーパーライス多収量計画は、100ムー（約6.7ヘクタール）の圃場において1ムー（約6.7アール）当たりの平均収量で1026.7kgを実現し、前倒しで目標を達成した。

　我が国の食糧安全に対する卓越した貢献により、新中国成立70周年に袁氏へ共和国勲章が授与された。北京の人民大会堂で開催された授与式では、会場の熱気がこれまでになく高まり、厳かな雰囲気の中、習近平総書記の手により重みのあるこの勲章が袁氏の首にかけられた。私も授与式に参加し、感無量の思いだった。食糧は国の貴重な宝であり、袁氏は我が国最高の栄誉である共和国勲章の受章に、まさにふさわしい人物だった。共和国勲章の袁氏への授与は、袁氏を代表とする科学者による貢献に対する評価であり、党と国家が食糧と農業を重視する姿勢の表れだといえる。2019年の暮れに、私は海南省で「南繁シリコンバレー」建設会を開いた。そして、南繁基地へ袁氏に会いに行き共和国勲章受章の祝福を伝えた。袁氏は習近平総書記から共和国勲章を授与された時の様子を思い出しながら、「習総書記からスーパーライスの新たな進捗を聞かれ、現在1ヘクタール当たり18トンへ向けラストスパート中だと答えた。すると習総書記は素晴らしいと言われ、その言葉は自分にとって叱咤激励になっ

た」と話された。そして袁氏は「老驥櫪に伏すとも、志千里に在り」の精神を奮い起こし、スーパーライスの目標を達成しようと志を立てたという。これが、袁氏から3度目に聞いた目標だった。その時、袁氏は90歳の誕生日を迎えたばかりであり、そしてなお現役で活躍していた。私は袁氏の90歳というお年について冗談を交え、90歳どころかまるで90年代生まれの人のように、ますますお若くなったと言った。さらに、90歳でまだ圃場で作業をするとは、素晴らしいことだと伝えた。袁氏は私の冗談を受け笑顔で「私たちが5年前に共同で始めた第4期スーパーライス多収量計画は新たな進展があり、試験圃場で1ムー当たり1200kgの収穫があった。しかも、品質も味もさらによくなっている」と話した。私は袁氏の健康と成功を祝い、翌年には共にスーパーライスを収穫する約束をした。

　袁氏はすでに世の中で高い名声を得ているにもかかわらず、常に新しい夢を追い求めて圃場に赴き、懸命にイネを栽培し探求を続けていた。2018年4月、海南省での会議に参加した機会に、南繁育種基地へ行き科学者たちと会い、袁氏とイネの専門家である謝華安院士と共に食事をした。席上、袁氏は耐塩性のあるイネの研究で大きな進展があり、品種によっては試験圃場で1ムー当たり500kgの収量に達したと言われた。耐塩性のあるイネは俗に「海水イネ」と呼ばれる。そのため海水で育つイネと誤解されることが多いが、実際はアルカリ性の土地で栽培されるイネを指す。袁氏は我が国には何億ムーにも広がる「海水イネ」を栽培できるアルカリ性の土地があり、もし十分にこの土地を利用できれば食糧の収穫量を大幅に増加でき、さらに多くの人々を養えるとも語った。袁氏は私たちのために食糧生産をなおも支えようとしていたのである。私は我が国の主要な食糧の供給状況を現状に基づいて、コメは供給にやや余裕があり、コムギは需要と供給の均衡がとれ、トウモロコシは供給がやや逼迫していると説明した。さらに現在、コメは需要を満たしているが、耐塩性のイネは戦略的な備蓄品種にできると伝えた。

　袁氏の「稲穂の陰で涼む夢」は有名な話である。「イネはコーリャンよりも高く伸び、稲穂はほうきのように長く育ち、落花生のように大きく実る。私と仲間は仕事に疲れると、その稲穂の陰で涼む……」という夢だ。これはまさに袁氏の「中国の夢」だといえよう。袁氏は食糧の多収量、超多収量そして高品質をたゆむことなく目指して、中国人を飢餓から永遠に解放し、世界で満足にコメを食べられない人々を助けてきた。その行いは農業科学者が世の中を思う責任感の表れだといえる。袁氏の傑出した成果は中国だけではなく、世界にも影響を与えている。中国のハイブリッドライスはインドやパキスタン、東南ア

ジア諸国とアフリカなどでも栽培され、栽培面積は1億ムー（約667万ヘクタール）を超える。袁氏とその研究チームが新たな成果を生み出せるように、私は常に心から望んでいた。

　ここまでは2020年5月1日の「労働節」に労働を称え、また農業科学研究の第一線にいる労働者および奮闘する農業関係者に向けて敬意を表すために書いた文章である。その「私の農業科学者の友人たち」では、主に袁氏との交流を回顧した。今年1月に海南省へ出張した際、三亜育種基地の袁氏をはるばると訪ねた。遠くから姿を目にするなり、互いに思わず手を差し伸べながら近づき、そして力強く握り合った。まさに、親しい友人に久しぶりに会えたという光景だった。袁氏から研究チームが行った最新の研究成果の報告があり、私はその成果に聞き入るとともに袁氏の喜びを感じ取った。別れ際に、袁氏の日常生活を関係者に尋ねると良好だとの答えがあった。次に会う時は一緒に圃場を見に行こうと、袁氏と約束をした。まさか数カ月後に袁氏と永遠の別れがあろうとは、この時は思いも寄らなかった。悲しみに暮れながら、長沙市へ行き袁氏の告別式に参列した。袁氏のために、感謝と尊敬の念を最後に表したいとの思いからだった。

　先日、業芸氏から『袁隆平画伝』の本が届き、序文の執筆を依頼された。本を開き写真や文章に目を通していると、まるで袁氏に語りかけられているかのように感じた。袁氏の非凡な経歴や奮闘の人生がありありと伝わり、万感の思いがこみ上げてきた。どんなに言葉を尽くしても、袁氏の偉業や私の袁氏に対する尊敬の念を語り尽くすことは非常に難しいが、ここに書き綴った文章を本書の序文とさせていただきたい。袁氏の精神は、永遠に私たちと共にある。

2021年6月20日
元農業農村部党組書記、部長

農業科学を変革させた人——袁隆平

　2021年5月22日、袁隆平教授の逝去に伴って、世界は偉大な植物学者を失い、中国は民族的な英雄を失った。「ハイブリッドライスの父」として、袁教授は国家経済のモデルチェンジおよび飢餓と貧困の徹底的な撲滅という歴史的な成果において、非常に大きな貢献をした人物である。

　袁教授は1949年、西南農学院で学び、2019年に習近平主席から中国人にとって最も栄誉ある共和国勲章を授与された。中国のこの70年は、中国の歴史上最も代表的な変革の時であり、袁教授はその中で非常に重要な役割を果してきた。

　この70年は「緑の革命」の70年ともいえる。この70年間は人類史上、世界規模の食糧増産および飢餓の減少を実現した最も偉大な時だったと証明されている。また同時に、貧困および栄養不良の深刻さも緩和され、飢餓や飢饉の発生率も大幅に減少された期間でもあった。

　この素晴らしい成果は、中国を含む世界中に広がっている。過去40年間、中国はこれまでにない農業のモデルチェンジを経て、中国各地でコメを筆頭に食糧の供給を増加させた。

　中国のこの歴史的な進歩は、袁隆平教授と非常に深い関係がある。1970年代に海南島の三亜市郊外で綿密な観察による「野敗（イェバイ）（雄性不稔性を示す野生イネ）」の発見から始まり、長沙市に位置し高い評価を集める湖南ハイブリッドライス研究センターにおいて、作物育種方面で大きな進展を成し遂げ、袁教授はハイブリッドライス分野で発明と開発を行った。そして、中国の奇跡的な農業の進歩と国際的な食糧増産をリードしてきた。袁教授は多収イネの品種育成分野で著しい成果を上げ、中国ではコメの収量の半分以上、世界では5分の1が袁教授により開発されたハイブリッドライスの品種に由来する。この功績により、袁教授は「ハイブリッドライスの父」と称えられている。

　1979年に初めて訪中してから、2019年に袁教授が長沙市で主催した稲作発

展国際シンポジウムに参加するまでの間、この驚くべき成果を光栄にも目にし、そして袁教授と幾度も交流を重ねることができた。袁教授が担当する国際稲作発展フォーラムの副議長として招かれた時は、非常にうれしく感じた。

多収イネの新品種開発において袁教授は一連の非凡な成果を収め、その功績により2004年、アイオワ州デモインに袁教授を招き世界食糧賞を授与した。この賞は「ノーベル農業賞」ともいえる名誉ある賞である。

授与式には、40以上の国々から最先端の科学者と専門家が出席した。「緑の革命の父」と称されるノーマン・ボーローグ博士(世界食糧賞創設者)から袁教授にトロフィーが授与された。この時、2人が共に写る貴重な写真が残された。彼らは共に歴史上最も優れた植物科学者であり、数十億にものぼる人々の生活に大きな影響を与えた人物である。

袁教授が壇上に立つと、会場にいる世界各国の科学技術界の関係者から拍手が送られた。人類が食糧不安により受ける苦難の軽減、そして中国人の貧困からの脱却において農業科学が果たした変革の力を、袁教授はまさに象徴していた。

2049年には、地球上に住む90億から100億人の人口に対して、栄養価のある食糧を持続的に供給しなければならないという非常に困難な問題に直面する。我々は袁教授がもたらしたこの非常に優れた遺産を用いることにより、次世代の農業科学者を育成し、多収量を見込めるスーパーハイブリッドライスやその他品種作物の開発を進めていく必要がある。

業芸博士らによって編纂された本書は、袁教授の最も重要な科学研究の進展や革新的なイノベーションを記録した写真と文章による伝記である。本書は袁教授の成功をただ記念しているだけではない。後に続く科学者や学生そして同胞に対して、未来を展望させるとともに、中国と世界における農業と人道主義の最も偉大な英雄——袁隆平教授の遺産を忘れないようにと導いているのである。

2021年6月
世界食糧賞財団名誉会長
ケネス・M・クイン

第1章

教育を尊ぶ、優れた家柄

江西省九江市の文華塔

　江西省九江市徳安県の東には、師古墩と呼ばれる小山がある。この小山は、蒲亭鎮附城村と共青城金湖郷下寨村が接する辺りに位置する。頂上には文華塔と呼ばれ、唐大中四年（西暦850年）に建造された千年の歴史を持つ古い塔が立つ。7層の塔であり、反った屋根が美しく曲線を描く。現在、九江市地域で唯一、千年の歴史を持ち保存状態が良い古塔である。文華塔の下には、良田が広々と続く。青竹畈とは古くからの地名であり、年老いた村人だけがその名を知る。説明によると明の時代に、この辺りには栄えた大きな村落があり、江南の実り豊かな地として名を知られていたという。袁隆平の曾祖父袁繁仁は、この地で暮らしていた。
　『袁氏族譜』によると袁繁仁は4人兄弟で、「三綱五常」の「仁、義、礼、智、信」の順で兄弟の長幼を表し、「繁」を同じ宗族の世代で共通する名として用いた。袁繁仁は長男として清道光20年（西暦1840年）、アヘン戦争が勃発した年に生まれた。袁繁仁の祖先は代々この地に住み、日が昇れば働き、日が沈むと休み、農閑期には博陽河で魚を捕るという平穏な日々を送った。
　太平天国の乱が起きると徳安県一帯は戦乱に巻き込まれ、人々は不安な生活を送るようになった。ある時、軍隊の俸給を運ぶ清朝の兵隊が太平軍の追撃を受け窮地に陥り、荷を捨てて逃げ去るという事件が起きた。袁繁仁兄弟はちょうどその場を通りがかり、この多額の銀貨を手に入れた。袁兄弟は三日三晩相談し、後ろ髪を引かれながら青竹畈を離れ、徳安県城に移り住むことに決めた。この時以来、袁兄弟は協力して助け合い、農業をやめて商売を始め、家門が栄えるようになったといわれる。
　青竹畈という地名は今では存在せず、文華塔だけが残り、往時を思い起こさせるかのようにそびえ立つ。袁繁仁兄弟は徳安県の街で山の産物や特産物の良品を安く取り扱い、誠実な商いを行った。そのため商売は繁盛して裕福になり、広さ4、5百平方メートルの大きな屋敷が建てられた。その場所は今の徳安県

の大西門に古くからある豆腐会社の辺りだとされる。屋敷は3階建てで、居住空間、倉庫、店舗に分かれ、当時の徳安県で一番の大邸宅だった。袁家はのちに「西園袁氏」と呼ばれ、徳安県で1、2を争う名士になった。袁家の人々は身一つで生まれ、身一つで死んでいくと考え、財産には執着しなかった。そして袁家を繁栄させ、子孫を盛り立てていくためには、何よりも教育が必要だと考えるようになった。袁兄弟は次の世代の教育を非常に重視し、男女を問わず、子どもが学校に上がる

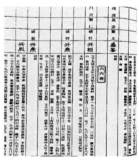
『袁氏族譜』

年頃になると、その地域で一番良い学校に通わせた。それ以降、袁家は商売の家柄から学問を重視する家柄へと変わっていった。袁隆平の祖父袁盛鑑、父袁興烈、さらには袁隆平の5人の兄弟はこの家風の影響を受け、勉学に励み視野を広げ、徳安県から羽ばたき大事業を成し遂げたのである。

　20世紀初め、袁家の家業は袁盛鑑たち5人兄弟の手に渡り最盛期を迎えた。一族の人数が増えて管理が煩雑になったため、大宋時代に徳安県に縁のあった義門陳氏に倣って分家し、その後各家で発展した。袁兄弟は分家後、長男の袁盛鐸が繁盛する店を主に守り、三男の袁盛球と四男の袁盛銘は現居住地に残り、五男の袁盛煌は新しい家を構えた。次男の袁盛鑑は徳安県城北門付近に清朝後期の役所の建物を購入して改築し「頤園（イーユアン）」と名付けた。袁繁仁が商業に転じて以来袁家の命運は変わり、考え方もそれにつれて変化し、子孫の教育を重視するようになっていった。袁盛鑑は一族の期待に応え、省都の南昌で行われる郷試に一族で初めて参加し挙人になった。旧来の読書人から新しいタイプの知識人になり、西洋の現代的な教育を受けた。立憲政治が進められた清朝末、江西地方自治研究会に参加した。辛亥革命後、九江5県同郷会の推薦により、袁盛鑑は知事の秘書を2年間務め、勤務地で高い評価を得た。第二革命中、孫中山により国民党南九支部の支部長に任命され、その後江西省議会の議員になり、李烈鈞、楊賡笙（ようこうしょう）、王有蘭などの国民党の元勲と政治的な取り組みを協議した。江西省の単行法制定を計画し「立法はその時や土地の情勢に応じて、適切な措置をとるべきである。さもなければ、法律が実効性なく制定され、関係の薄い者たちに被害を及ぼす」と主張した。北洋政府下で行われる選挙では買収が横行していたため、袁盛鑑は毅然と帰郷を決めた。その後教育に力を入れ、徳安県で高等小学校の校長、県農会の会長などを歴任した。北伐軍が台頭すると、広東省海南島行政委員公署秘書に招かれて就任し、のちに広東省文昌県の県長

に就いた。海南島では現地の言葉の壁があり意思疎通が困難だったため、辞退して故郷に帰り江西平民医院の院長に就任し、医療を通じて人々を助けた。

「頤園」と呼ばれた袁盛鑑の屋敷は、蒲亭鎮北社区にある古くからの建設会社の辺り、北門大橋西側の下方にあった。この一帯は当時の徳安県城で最も賑やかに栄えた地域だった。頤園の面積は約3、4ムー（約20～27アール）、2層木造構造で三進式、「品」の文字型デザインの天井、屋敷を取り囲む塀と庭を備えた。屋敷の裏には菜園と池、庭には花壇があり両端には棗と柿の木があった。袁隆平は子どもの頃に頤園で木に実った棗と柿は、とても甘くておいしかったと回想している。袁隆平の記憶によると、頤園は来客が途切れず、非常に賑やかだったという。大きな屋敷で家業が盛んだったため、常時多くの人がおり使用人も雇っていた。1930年代初頭、袁隆平は母の華静と北平から実家に戻り、頤園に住んだ。袁隆平の祖父袁盛鑑はめったに笑わない家長然たる人物だったため、子どもたちは恐れて話しかけることもできず、食事の時も大人しく座り静かに食べるほどだったと伝わる。のちに袁隆平たちが大きくなると、袁盛鑑から文字を習った。

頤園門前の石造の腰掛け ／ 頤園の石造物

2004年9月、袁隆平は一家を連れて徳安県に帰省した。9月25日、徳安県に着くとすぐ、徳安県城から10キロ余り離れた宝塔郷万家村へ墓参りに向かった。歩いて30分ほどで着く頂上には、親族の6つの墓があった。袁隆平は祖父袁盛鑑など先祖の墓前に花輪3つと花籠4つを供え、3度拝礼した後、ひざまずき黙祷を捧げた。同行した家族も一緒にひざまずき、香を焚き拝礼した。家族が山を下り始めても、袁隆平は先祖の墓碑の前に1人佇んで物思いにふけり、日が暮れようとする頃、やっと山を下りた。先人の言葉に「賢人が百善を挙げるなら、親孝行を何よりの善とする」とある。一家で古里を訪れ、墓参りをしたいという願いを長年持ち続けて実現させた袁隆平は、中華民族の伝統的な美徳である孝道を重んじ、身を以てその大切さを大いに発揚した人物といえる。

2004年9月、祖父袁盛鑑の墓参りをする袁隆平　　1970年代、頤園のわずかに残った私塾前で本を読む袁恵芳

　抗日戦争時代の1938年に起きた武漢作戦では、江西省は包囲されて戦場となり、徳安県は中日双方の必争の地となった。同年秋には人々を震え上がらせた万家嶺大戦が勃発した。中国軍は日本軍1万人余りを殲滅させて万家嶺を抑え、平型関での大勝利、台児庄の戦いとともに、武漢会戦における包囲戦の重要な戦いとなった。袁家は徳安県城における家財をほぼ戦火で失い、私塾用の家屋だけが残った。古い私塾の門の扁額には「頤園」の2文字があった。袁隆平と異母妹の袁恵芳は、その私塾で学んだ。2013年9月、袁家山自然村の村民は袁盛鑑故居の再建を自主的に始め、のちに啓蒙活動に活用するため「袁家山科学普及教育基地」と命名した。

　袁隆平の父袁興烈は1905年に生まれ、1975年に亡くなった。良好な家庭教育を受けて、小さな頃から頤園で育ち、読書好きで大きな志を持っていた。成長すると、南京にある国立中央大学で学んだ。卒業後、袁盛鑑の教育事業を引き継ぎ、徳安県高等小学校の校長と視学官に就任した。1920年代から1938年まで平漢鉄路局に勤務した。この間、袁隆平は父について平漢鉄道路線に沿って、北平、天津、江西、湖南、湖北……と引っ越し、さらに戦乱を避けるため、多くの土地を渡り歩いた。袁隆平の記憶の中では、父親は典型的な中国の知識人として、真面目で礼儀にうるさく、厳しく寡黙であり、慎み深い人だったという。袁隆平は「あの戦火の時代、父は私たち兄弟6人の教育について手を緩めることはなく、どこに引っ越しても私たちを学校に通わせた。我が家は曾祖父の袁繁仁以来、教育を重んじるという良き伝統があった。このような家庭で育ったのは幸運であり、その伝統から大きな恩恵を受けた」と回顧している。

「袁家山科学普及教育基地」外観(2015年5月撮影)

「袁家山科学普及教育基地」の陳列館を見学する観光客(2015年5月撮影)

袁隆平の母華静

袁興烈は愛国心が強く、抗日戦争時には抗日軍の武器や戦略物資の鉄道輸送に尽力した。さらに福裕鉄鋼場の工場長である陳子山と2人で大金を投じ、西北軍の「大刀隊」に500本の大刀を寄贈した。恐らくはこれが契機となり、袁興烈は西北軍の愛国の上将である孫連仲に重用され、国民革命軍第2集団軍駐重慶事務所の上校秘書になった。1947年の年末、行政院僑務委員会事務課課長に任命され南京へ異動になり、新中国成立後に重慶で退官した。

袁隆平の母華静は1901年に生まれた。袁隆平は自分に大きな影響を与えた3人として、屈原、李白、そして母の名を挙げている。華静は元の名を華国林といい、江蘇省鎮江の出身で、教会が設立した学校の高等課程を卒業し、安徽省蕪湖市で教師になった。妹に、北京協和医科大学の看護学校を卒業した華秀林がいる。蕪湖市で教師をしている間に、国立中央大学で学んでいた袁興烈と知り合い結婚した。1929年、北平で袁隆平を生んだ。当時、華秀林は北平協和医院の看護師長だった。協和医院が発行した出生証明書の記載によると、袁隆平は偶然にも林巧稚医師が出生に立ち会ったことがわかる。林巧稚とは1901年に生まれ、1929年6月に北平協和医学院を卒業し、その年の7月に協和医院産婦人科初の女性医師になった人物である。おそらく袁隆平は「万嬰の母」である林巧稚が医師に成り立ての頃に取り上げた嬰児の1人だといえるだろう。

袁隆平が祖父袁盛鑑の故居にしたためた題字

身分証明書の出生年月日について、袁隆平は「年、月、日の全てを間違えて登録してしまった」と話した。誕生日は旧暦7月9日だが、西暦9月7日と記載されたため、袁隆平の誕生日は9月7日だと広く誤認されている

1929年8月13日、北平協和医院が発行した袁隆平の出生証明書

袁隆平の母華静

袁隆平の父袁興烈と母華静

第1章　教育を尊ぶ、優れた家柄　17

華静は結婚後しばらく、夫の実家である徳安県の頤園で生活した。教師だった華静は非常に穏やかで品があり、博学でもあった。仕事を辞めた後は、学んだ知識や積み重ねた経験を5人の子どもたちの教育に活かした。華静は子どもの道徳教育を非常に重視し、それぞれの特性に合わせて教育を行い、智力を伸ばしてやった。華静は豊富な学識と巧みな教えぶりで、子どもたちに知識の扉を開ける鍵を与えた。袁隆平の幼少期に対する華静の教育、特に英語方面の教育は、その一生に大きな影響を与えた。

　袁隆平は6人兄弟だった。長兄の袁隆津は1928年に生まれ、袁隆平の1歳年上だった。「隆」を同じ宗族の世代に共通する名として用い、天津で生まれたため「津」の字を取り「隆津」と名付けられた。生前は新疆生産建設兵団の会計主任を務めた。袁隆平は次男にあたり、北平で生まれたため「平」の字を取り「隆平」と名付けられた。幼児期の愛称は二毛。三男の袁隆贛は、1930年に北平協和医院で生まれた。袁隆平の名を「北平」から取ったため、忘れがたい故郷江西省の別名「贛(かん)」の文字を取り、「隆贛」と名付けられた。袁隆贛は出生後、母華静と徳安県に戻り、大伯父にあたる袁興燾の養子になった。生前は九江市物資局軽化建材公司の元幹部だった。四男の袁隆徳は1932年に徳安県にある実家の頤園で生まれた。「正真正銘の徳安生まれ」であるため「徳」の字を取り「隆徳」と名付けられた。生前は重慶市ケイ酸塩研究所のエンジニアだった。五男の袁隆湘は、1938年に湖南省桃源県で生まれ、馬鞍山鋼鉄学院の副教授を務め退職した。袁隆平にはもう1人異母妹の袁恵芳がいた。袁興烈と劉梅蓉の間に生まれ、袁隆平より2カ月小さく、生前は徳安県にある幼稚園の教員だった。

袁隆平の父袁興烈と母華静（前列左）、叔母の華秀林

袁隆平と鄧則夫婦、重慶に住む両親と預けられていた息子の袁定安

1973年、重慶に住む父袁興烈と母華静に会いに来た袁隆平。華静が抱くのは袁隆平の長子袁定安

袁隆津（1928-1980）

袁隆平（1929-2021）

袁隆贛（1930-2017）

袁隆徳（1932-2008）

袁隆湘（1938-　）

袁恵芳（1929-2012）

第2章

困窮と流浪、波乱の幼年期

1930年、1歳の袁隆平を抱く華静。右に座るのは袁隆津

　1931年の「九一八事変」(満州事変)の後、中国の東北部は日本軍に侵略された。華北の戦況が緊迫していたため、華静は袁隆津、袁隆平、袁隆贛の3人の兄弟を連れて江西省徳安県にある実家へ逃れ、数年間身を寄せた。1936年、一家で徳安県を離れ、平漢鉄路局で働く袁興烈に従って漢口へ引っ越し、比較的平穏な日々を過ごした。

　1937年7月、抗日戦争が始まった。1938年に武漢が陥落すると、袁興烈は一家を伴って避難先を探した。一家は漢口から小さな木船で水路に沿って湖南省桃源県へ着き、一時的に避難した。袁家の五男袁隆湘は10月末に、現地で生まれた。袁興烈は元々、湘西の沅陵へ避難を考えていたが、冬期は水深が浅くなり、さらに土匪が出没するとの噂から重慶へ逃げるように改めた。袁興烈一家は洞庭湖へ戻り、再び長江に入った。1939年2月18日の旧暦の大晦日を、一家は湖北省の宜昌江のほとりに浮かぶ小さな船の上で過ごした。その後、宜昌から船で重慶に着いたが、それまで流転の苦しみを嫌というほど味わった。袁興烈が子どもにつけた名前は、天津、北平、徳安、湖南という一連の地名に由来しており、まさに抗日戦争期における一家流転の事実を物語っている。

河南省の信陽鶏公山へ避暑に出かけた袁隆平一家(撮影時期は恐らく1935年から1936年の間)。前列左から順に袁隆徳、袁隆津、袁隆平

2011年8月、河南省の信陽鶏公山を観光する袁隆平と妻の鄧則、三男の袁定陽

抗日戦争の間、国土は占領され、中国の多くの家庭が一家をあげて避難し苦しみを重ねた。飢餓、疾病、死はいつも人々のそばにあった。桃源県は本来ならば賑やかな街だったが、日本の戦闘機の爆撃を受けて、至る所で火柱が上がり、地面は死体で覆われていた。その悲惨な情景は、幼い袁隆平にも大きなショックを与えた。各地を転々として2年後の1939年の春、袁隆平は家族とともに日本軍のいない重慶にたどり着いた。だが重慶に着いた後も、さらに5月3日、4日と大爆撃を受け、川辺に積み重なる血だらけの死体を目にした。無数の悲劇的な情景は、袁隆平の幼い心を痛めさせた。袁隆平は幼児期とその後に続く少年期を、戦争が続く不穏な環境の中で過ごした。

　このような状況下でも、袁隆平の両親は子どもに教育を受けさせようと固く心に決め、激化する戦況にもかかわらず、子どもに学ぶ機会を失わせなかった。流浪している間も、袁隆平は漢口では扶輪小学校、湖南省澧県では弘毅小学校、そして重慶では竜門浩中心小学校と3つの小学校で学び続けた。

　袁隆平は幼い頃から才気煥発だった。竜門浩小学校から南岸下浩の嘉陵江のほとりにある家まで、友達と詩歌の暗唱や、授業について話しながら学校に通った。袁隆平は仲良しの黎浩と一緒に学び、長く続く友情を築いた。2人共にクラスでも10位以内で、成績も優秀だったという。

袁隆平四兄弟の幼少期の写真。ボーイスカウトに参加した袁隆津と袁隆平。前段右端が袁隆徳。真ん中の一番小さな子が袁隆湘。大伯父の袁興燾の養子になった袁隆贛は写真にいない

重慶竜門浩小学校の校舎（1930年代に撮影）

小学校時代の袁隆平（左）と同級生の黎浩

竜門小学校時代、袁隆平はボーイスカウトにも参加した。体育の教師がボーイスカウトの子どもたちの隊列訓練を学校で行い、子ども達は手に指揮棒を持ち、元気一杯に訓練を受けた。

　袁隆平の一番得意な運動は水泳であり、幼年期にその基礎を身につけた。1938年、湖南省桃源県へ退避するため船で沅江を渡航していたところ、袁隆平は不注意で滔々と流れる川に落ち、船員に助けられるという出来事があった。9歳だった袁隆平は、命を救ってくれた船員のように泳げるようになり、溺れた人を助けられるようになりたいと思った。水泳の厳しい練習に取り組み、10歳前には長江を泳いで横断しようとして、同級生や教師を驚かせた。それ以来、水泳は袁隆平の特技になった。

袁隆平が重慶市の竜門浩にいた頃に泳いだ場所（2012年撮影）

　袁隆平は非常に腕白で、遊び好きな少年だった。抗日戦争下の重慶では、日本の戦闘機による爆撃が日常的に行われ、空襲警報がしばしば鳴り響いた。警報が鳴ると学校は授業をやめ、教員も生徒も防空壕に隠れなければならなかった。しかし、袁隆平は爆撃の危険性を知らず、気が滅入る防空壕からよく逃げだして川へ泳ぎに行っていた。ある日も警報が鳴っているにもかかわらず、袁隆平は防空壕へ避難するどころか授業をさぼり、さらには弟の袁隆徳まで連れて川へ泳ぎに行った。ちょうど遠くから望遠鏡でその様子を見ていた袁興烈は怒って川まで迎えに行き、兄弟の腕をつかみ連れ帰った。袁興烈は袁隆平が自分だけが授業をさぼるだけではなく、弟も巻き添えにしたことに非常に立腹し、厳しく罰したという。

　また、袁隆平が自然を愛したのは天性だといえる。幼い頃、母の華静は花を育てるのが好きだったため、家の前の庭や窓辺には花がたくさん植えられていた。袁隆平は華静の花の世話を興味津々で手伝い、楽しんでいた。ある日、袁隆平の将来を決定づける大きな出来事が起きた。漢口扶輪小学校の1年生の時

に、教師に引率されて郊外の園芸場へ見学に行ったことである。袁隆平は木に実るピンク色の桃や、たわわに実った葡萄の房、美しく咲く花、青々と茂る草木を目にし、さらにすがすがしい空気を感じた。色とりどりに咲く花、みずみずしく実る果実からは、溢れる生命力を感じ取った。袁隆平はこれこそ先人のいう「田園楽」だと感じ、「農業を学び、自然の美しい物をたくさん見たい」と思ったという。袁隆平は大自然の魅力の虜になり、人の心を惹きつける大自然の営みを満喫した。当時上映されていた米国の白黒映画『モダン・タイムズ』の影響もあり、衣食共に満ち足りる大切さや、その日見た実り多く、花が咲き乱れた様子がより深く幼少の心に残った。この幼い時の郊外学習の美しい思い出が、将来農業を学び、農業やイネと一生を共にする大きなきっかけを袁隆平に与えた。

第3章

勉学に励み、頭角を現した青少年期

抗日戦争の間、副首都だった重慶市には、当時日本軍に占領された地域の機関や学校が集められた。袁隆平は小学校を卒業すると何度かの転学を経て、重慶市に移転された漢口博学中学に入学し、その後卒業まで学んだ。その間、国土の復興が始まると一家で武漢市へ戻った。博学中学も武漢市の元の場所に戻ったため、袁隆平は引き続き博学中学で学び、貴重な少年時代を過ごした。袁隆平はのちに、博学中学の指導と教育から非常に大きな影響を受けたと語っている。

　博学中学は英国キリスト教ロンドン会が創設した教会の学校である。その前身は1899年に設立された漢口博学書院であり、現在は花楼街交通巷になっている。創設者であるグリフィス牧師の名前にちなみ、書院の英語名はGriffith John Collegeと呼ばれた。初代院長は英国オックスフォード大学出身の馬輔仁牧師である。

武漢博学中学の鐘楼

武漢博学中学の校内にある教会

　博学書院が開設した課程には、普通科目と必修科目があった。普通科目には聖書、英語、数学、理科、国語（中国語）、地理、絵画、歌、体育、必修科目には聖書、英語、数学、理科、国語（中国語）の科目があった。必修科目は普通科目と比べ、各科目についてより深い学習を行い、第二外国語、生理学、経済学、機械学、心理学、地質学、教育学などの課程があった。博学書院は建学以来、謹厳な教育理念を掲げ、厳しい紀律で生徒の行動を指導した。書院の規定では、毎週水曜日の夜に教員と生徒全員に祈祷の時間が設けられ、日曜日には生徒はウィルソン記念教会で礼拝を行った。これらは博学書院の宗教的特色と外国人教師が中国で博学書院を創設した初志を表している。

　博学書院は宗教教育以外にも、スポーツ、特にサッカーを重視していたことが特色として挙げられる。建学初期の博学書院の敷地は非常に広く、運動ができる場所も多くあり、数百人の収容が可能な体育館や、遊戯室、バスケットボ

ール場、テニスコート、陸上競技場、卓球場があった。このような校風の中、多くのスポーツ人材、特にサッカー選手を育成した。1921年前後には、湖北省のサッカーチームは全国に名を馳せていたが、省の代表チームはその約7割を博学書院の生徒が占めた。

　博学書院では、中国文学と歴史課以外の科目は英語で授業が行われた。袁隆平が在籍した当時の校長は、1929年に就任した胡儒珍博士だった。香港大学を卒業した若い胡儒珍はまず、私立漢口博学中学（中等部）の一切の宗教活動を廃止した。そして新たに課程を組み直し、生徒に英文、国文、数学、自然、中国歴史、中国地理、漢字（毛筆）、音楽、図画、体育などの教科を教えた。毎日6校時あり、午後4時以降に各種球技、陸上、水泳などのスポーツ活動を行った。毎週月曜日の8時から9時までは記念日の式典などを行い、残りの5日間の朝は朝会を行った。

私立漢口博学中学の歴代の校長と副校長および各部署の責任者一覧表

袁隆平が在学した当時の私立漢口博学中学の教員たち

胡儒珍博士は生徒に対して学習面を重視するだけではなく、道徳、智力、体力の総合的な発展を求めた。そのため、学校ではレクリエーションやスポーツ活動も盛んに行われた。その後も博学中学は一貫してこの伝統を持ち続け、授業の質と思想道徳教育を重視すると同時に、レクリエーションやスポーツの教育にも力を入れ、生徒の徳、智、体を総合的に発展させる学校となった。袁隆平が年を重ねても音楽と水泳を好み、健康な体を維持できたのも、このような教育を受けたおかげだといえよう。

　また学校の特色として、英語による教育を重視していたことも挙げられる。外国籍の教師が英語だけではなく、物理、科学も英語で教えていたため、生徒の英語で教科を学ぶ力が養われた。英語以外の課程で落第点を取った場合は再試験が可能だったが、英語で落第点を取ると留年になるため、生徒たちは必死になって英語を勉強し、教師も教授法の研究に努力した。英語に対して非常に興味を持っていた袁隆平は、水を得た魚のように生き生きと勉強した。英語の授業は当時、バークレーという英国人教師が担当していた。袁隆平はのちに、シンポジウムへの参加、論文の発表、研究協力や技術指導などの国際的な学術活動を英語で行えたのは、博学中学の良質な英語教育環境により、しっかりとした基礎を身につけていたおかげだと考えていた。

2009年、訪れた武漢博学中学で、中学時代の教師たちの写真を見て昔を懐かしむ

2009年、武漢博学中学の教室を訪れる

　少年時代の袁隆平はよく遊び、そして勉強をする時には疑問を持って積極的に取り組んだ。数学の授業では、かけ算の法則をプラスかけるプラスはプラス、マイナスかけるマイナスはプラスと教えられると、その理由を考えた。さらには物理の授業でも、有名なアインシュタインの方程式である$E=mc^2$について、Eは物質のエネルギー、mは物質の質量、cは光速を表し、光速は大きな数字であり、ほんのわずかな物質にも膨大なエネルギーが秘められていると説明さ

れると、なぜエネルギーは物質の質量に光速の2乗をかけたものに等しくなるのかと疑問を持った。このように、謎を解明したいという探究心は、いつの頃からか袁隆平の心に湧き始めていた。

博学中学からは、袁隆平と同級生の林華宝という2人の院士が生まれた。この2人の同級生の関係は特別だった。袁隆平は水泳を得意とし、林華宝は数学が得意だった。2人は「協定」を結び、袁隆平は林華宝に水泳を教え、林華宝は袁隆平が数学の問題を解くのを手伝うことにし、お互いに約束を実行した。長い年月が経って、2人は中国工程院院士大会で再会すると、林華宝は袁隆平に水泳大会で1位を取った経験を伝

中国工程院院士大会に出席し談笑する袁隆平と林華宝

えた。一方の袁隆平は、自分の数学は「昔のまま変わらない」と答え、残念ながら数学はあまり身につかなかったと笑いながら言った。

1947年6月、袁隆平が漢口博学中学の高等課程に在籍していた時、湖北省で全省体育運動会が開催された。学校から体格の良い生徒十数人が選ばれ、漢口市の水泳競技会に参加することになった。水泳好きの袁隆平だったが、発育不良のため背が低く選手には選ばれなかった。2日目の朝、体格の良い生徒十数人が体育教師に引率され、自転車に乗り水泳競技場へ向かった。袁隆平はこっそりと、一番後ろにいた同級生の自転車の荷台に飛び乗りついて行った。競技場に着くと、引率の教師は袁隆平に「せっかく来たのだから、泳いでみるといい」と言った。結果は予想に反して、漢口市水泳競技会の自由形100メートルと400メートルの予選で1位になった。後日の湖北省運動会では、2つの銀メダルを獲得し、袁隆平の輝かしい経歴の1つとなった。

1947年夏、私立漢口博学中学（高等部）の水泳代表選手として、湖北省運動会に参加した袁隆平（前列左端）

袁隆平は高等部在学中に、重慶市から武漢市、そして南京市への引っ越しを経験した。袁興烈が行政院僑務委員会事務課の課長を務めており、国民政府が南京市へ遷都したためである。袁隆平は国立中央大学付属中に入学し、高等学校の教育課程を修了した。1949年4月の南京解放の前夜、一家は再び重慶市に移った。

　高校卒業時、袁隆平は進学先に迷った。袁興烈は息子が将来活躍できるように、有名大学を受験するように勧めた。だが袁隆平には別の考えがあった。幼い頃から「田園楽」の生活に憧れを持ち、将来自分で園芸場を開き、田園の美しさや農業を楽しみたいとの思いを持っていたためである。生まれつき自然を愛する袁隆平は農業を志し、重慶市北碚にあった復旦大学と縁のある相輝学院の農学専攻を第一志望とした。

相輝学院校門

重慶市北碚の相輝学院跡に立つ記念碑

抗戦時期復旦大学旧址記念館

復旦大学旧址

　1938年、上海復旦大学は北碚夏壩に移転して臨時の学校所在地にした。1946年6月、抗日戦争に勝利すると上海に所在地を戻した。復旦大学同学会は北碚の大学跡地に、復旦大学の創始者である馬相伯と学長の李登輝を記念して「相輝学院」の開校を決めた。文学・史学、外国語、経済、会計、法律、農学の6

学部と会計統計、農業の2つの専修科により、1946年9月から学生を募集した。1950年11月、相輝学院の農学部と農業専修科は四川大学、四川省立教育学院の農学部と合併し西南農学院になった。なお、1952年には全国規模で大規模な大学組織の再編成が行われ、西南農学院は四川、雲南、貴州などの高等教育機関の農学部と合併し、最終的に相輝学院の主要な組織は四川財経学院に合併された。

大学時代の袁隆平

両親は最終的に袁隆平の選択を尊重し、希望通りに私立相輝学院農学部へ入学させた。1949年11月に重慶市が解放されると、1950年に西南農学院農学部へ転入した。学校の所在は重慶市北碚のまま変わらなかった。

1952年、西南農学院は学生を農村の「土地改革」へ参加させることを決め、学生たちは農業生産現場に加わり、農民と生活を共にした。苦しくて辛い活動であり、汚く貧しい農村は、袁隆平が小学校時代に見学した園芸場とは天地の差があった。理想と現実の非常に大きな隔たりを目にしても、袁隆平は農業を選んだ以上後悔もなく、活動を通じて農民のために、農村環境の改善を行おうと心に決めた。さらに新中国成立初期の第一陣の大学生として、学んだことを役立て、社会に貢献したいと考えていた。当時農業を学ぶ学生は、食糧生産を向上させ、農民の生活を改善するという大きな役割を担っていたからである。

私立相輝学院の転学証明書

西南農学院卒業証明書の控え

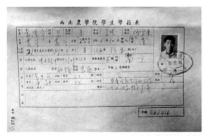
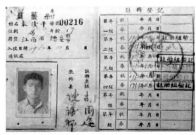
西南農学院時代の学籍表と学生証

第3章　勉学に励み、頭角を現した青少年期

袁隆平はただの勉強の虫ではなかった。遺伝育種を専門的に学び、担当の管相桓教授はメンデルの遺伝学を非常に重視した。管教授はミチューリンの「環境影響」の学説を「木を見て森を見ず。量の変化を見て、質の変化を見ておらず、結局は何も見ていない」との意見を持っており、袁隆平に大きな影響を与えた。当時はソ連を見本とする時代であり、遺伝学もソ連のミチューリンやルイセンコについて学ぶしかなかった。しかし袁隆平は、課外の時間を利用して国内外の農業科学雑誌を読み、メンデル、モーガンの遺伝学的観点も身につけた。

学生時代の袁隆平

また、レクリエーションとスポーツも好み、同級生の梁元岡にバイオリンを習い、優美なセレナーデを好んで奏でた。音楽以外には水泳を非常に楽しみ、同級生たちに水泳のコーチを頼まれて、重慶市南温泉でよく泳ぎを教えた。北碚夏壩で学んでいた時には、近くを流れる澄み切った嘉陵江へ行き、川縁りの石段を下って川に入りよく泳いだ。水泳のトレーニングを通じて、袁隆平は鍛え抜かれた体つきになっており、同級生たちは遠くからゆったりと歩いてくる逆三角形の体型をした人影を見かけると、すぐに袁隆平だとわかるほどだったといわれている。

西南農学院時代に、同級生たちと重慶南温泉へ泳ぎに行った袁隆平(前列左端)

2000年10月、重慶の相輝学院時代に泳いだ嘉陵江を背に立つ

水泳後にたくましい筋肉を見せる袁隆平(左)、同級生の梁元岡(右)、陳雲鐸

当時、四川省には4つの行政区——川東、川西、川南、川北があり、北碚は川東地区の区都だった。1952年、国家体育委員会主任の賀竜が西南地区運動会を開催した。袁隆平は川東地区代表として大会に参加するために成都へ行った。しかし、成都の食べ物がおいしく、食べ過ぎて体調を崩したため、実力を発揮できず結果は第4位だった。国の水泳選抜チームに入れるのは第3位までだったため、この結果により袁隆平は水泳選手になる機会を逃した。

1951年、西南農学院で軍の教育機関に進む同級生を歓送する袁隆平（前列右から3人目）

1952年、空軍入隊の準備をする袁隆平（後列左から4人目）

西南農学院の1952年度卒業生の記念写真。袁隆平は後ろから2列目の左から5番目

　高い身体能力を持っていた袁隆平は、1952年には空軍パイロットの試験を受けた。西南農学院の学生800人余りから、空軍のパイロット候補者の選抜が行われ、36項目中に1つでも不合格があると候補から外された。厳格な身体検査を経て合格者はわずか8人だったが、袁隆平もその中の1人に選ばれた。空

第3章　勉学に励み、頭角を現した青少年期　　35

軍予備学習班に入る前日、袁隆平は同級生たちと「八一建軍節」の祝賀会を開き、翌日から正式な訓練を受けられるように準備を行った。しかし、祝賀会の後、大学生は候補者から一律に除外されると言い渡された。その主な理由として、抗米援朝戦争の戦況が落ち着いたこと、さらに1953年からは国による第1次5カ年計画の開始を控えていた当時、大学生は全国に約20万人しかいない貴重な存在だったことが挙げられる。空軍が高校生のみの採用を決めたため、袁隆平たち大学生の候補者が空軍パイロットになれる路は閉ざされてしまった。

　2度にわたりチャンスを失った袁隆平は水泳選手にもパイロットにもなることはなかった。大学卒業時、袁隆平は同級生から、好きなこと——自由、特徴——気まま、2つをあわせて自由気ままな人物とのイメージを持たれていた。このように袁隆平は型にはまらず、古い考えを嫌い、真面目すぎず、他人の束縛を好まない人物だった。そしてオープンマインドを持ち、自由に思いのまま過ごすことを好んだ。

大学卒業証書

1979年、母校の西南農学院を訪れ、キャンパスの共青花壇の前に立つ

第4章

教学相長ず、悔い無き青春時代

1950年代の湖南省安江農業学校の校門

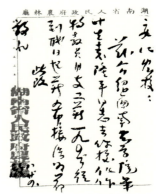
1953年8月、湖南省農林庁が袁隆平に書いた仕事の紹介書

　安江は湖南省黔陽県城から4キロ離れた街である。山に囲まれ、水田には広いあぜ道が続く。沅江が蛇行しながら滔々と流れ、川辺に広がる老木の間には建物が何棟か見える。この辺りは元々、湘西古刹の聖覚寺があった場所であり、新中国成立後には中等農業技術学校――安江農業学校が開校された。1953年7月、袁隆平は西南農学院を卒業すると湖南省農林庁に配属され、湖南省農林庁から湘西の安江農業学校へ教師として派遣された。

　当時は交通が不便であり、重慶市から安江農業学校への赴任には8、9日を要した。湖南省農業庁管轄の安江農業学校は黔陽県安江鎮に位置し、辺鄙ではあるが山に囲まれ緑が美しく、風光明媚な場所だった。中でも袁隆平を一番喜ばせたのは、学校のそばに清流の沅江があることだった。学校での勤務を終えると、袁隆平は荷物を投げだして川辺へ急ぎ、ゆったりとした流れの中で泳ぎを楽しむのを日課とした。

　袁隆平は18年間という長期間にわたり、安江農業学校で教師を務めた。新中国成立初期、中国はソ連を見本としており、ロシア語の学習熱が高まっていた。袁隆平が学校に配属された当初、外国語教科としてロシア語教育が始まったため、ロシア語の教員が不足していた。そのため、学校幹部は袁隆平が大学時代にロシア語の学習歴があるのを知ると、ロシア語担当の教員として配置させた。しかし、のちに学校の遺伝学研究室が、遺伝育種を専攻した袁隆平は専門を活かして指導にあたるべきだとして、専門課程研究室へ改めて配属させた。袁隆平は同時に、農学クラスの担任にもなった。

　袁隆平はクラス担任として、共青団支部書記、級長、学習委員の「クラス三

役」の役割を重視した。学生たちと協力して、バイオリンの演奏、ロシア語の歌の合唱、水泳が苦手な者向けの水泳教室、サッカー教室など様々な課外活動を行った。例えばロシア語を学ぶために、ロシア語で『カチューシャ』『おおカリーナの花が咲く』などの歌の合唱や、簡単な寸劇作りと実演、ソ連の学生との文通などの活動を行い、学生たちのロシア語に対する興味を高め、良好な学習成果を収めた。

1957年7月、袁隆平（後列右）
と卒業間近の「クラス三役」

安江農業学校運動会の徒競走

　安江農業学校では当時、学生が「労衛制」（労働と国防のための体育制度）の定める基準を満たすため、体育の授業に力を入れていた。クラス担任の袁隆平はスポーツ万能だったため、学生が基準を満たすように積極的な指導を行った。特に得意な陸上競技の分野では、早朝から学生を連れて走り込みや走り幅跳びを行い、短距離走のラストスパートのかけ方などのトレーニングを行った。

　授業を効率的に進めるため、袁隆平は学生を連れて圃場や雪峰山へ行って実際に植物や標本などを採取し、図解の作成や教授課程の編纂を行った。また学生自身に実践や操作もさせ、習熟させるとともに理解も深めさせた。さらには、クラスに科学研究班を作り、学生を指導して実験や課外活動を行い、教室で身につける知的学習と実践を結びつけた。

　このように袁隆平は学生と共に各種活動にも積極的に取り組み、兄のように気を配りながら、クラス全員の成長をしっかりと見守った。

　1956年、党中央が科学の現代化を呼びかけたことにより、国務院は「科学技術発展遠景計画綱要」を定めた。袁隆平も研究の進め方を検討し、課外の時間に学生の科学研究班を指導して実験を行い、学んだ知識を活かして、多収量作物や新品種を作り出そうと考えた。

1957年7月、袁隆平（2列目左から4番目）と最初の学生たち——安江農業学校農303クラスの全体写真

1957年7月、袁隆平（2列目左から6番目）と最初の学生たち——安江農業学校農第2クラスの全体写真

安江農業学校の校舎。袁隆平の現代科学における活躍はこの場所から始まった

　新中国成立期はソ連が見本とされ、ソ連の生物学者であるミチューリンやルイセンコの無性生殖説が強く支持された。無性生殖により品種改良と新品種の開発が行えるという理論は当時、中国において農業科学発展の方向性に影響を与えた。その理論によると、無性生殖、つまり接ぎ木や組織培養などの手段を通じて、遺伝性が異なる2つの品種の可塑的物質を交流させ、新たな品種を作り出せるとされた。袁隆平は科学に対して、事実の実証に基づいて真理を追求するという姿勢を貫き、学生に教える時も実際に手を動かし頭を働かせ、本で学ぶ理論を実践の中で証明させた。その中で、ルイセンコの無性生殖理論に基づき、無性生殖、栄養繁殖、環境影響などの実験も行った。まず、ヨルガオをサツマイモに接ぎ木し、ヨルガオの強い光合成作用を通じて、植物の成長を促進させて澱粉を多く作り、サツマイモの収穫量を向上させることを考えた。さらに、トマトをジャガイモに接ぎ木して、地中にジャガイモ、茎の上にトマトを実らせることや、スイカをカボチャに接ぎ木し、新しい瓜種を作り出すことも計画した。これらの実験の目的は優れた無性生殖の品種を得て、作物の収穫量を増やすことにあった。接ぎ木をした作物は成長し生育状況も良好だったが、

ヨルガオとサツマイモの成長速度が異なるという問題が生じた。ヨルガオを短い日照時間で実を結ばせるため、袁隆平は自分のシーツを墨汁で染め、試験栽培のために遮光した。物資が乏しい時代だったため、袁隆平はこのやり方を「败家(バイチア)」と呼んだ。この一風変わった実験方法を通じ、地中にできたサツマイモは非常に大きく育った。一番大きなもので9kg近くにもなり「サツマイモ王」と呼ばれた。この実験結果により袁隆平は1960年、湖南省武岡県で開かれた全国農民育種家現場会議に出席した。袁隆平は当時、この成果により作物の増産方法が見つかったと喜んだ。しかし同時に、この実験はまだ途中段階であり、成功の可否は2年目の成長状況次第だと考えていた。もし1年前と同じ優位的な状況が安定的に次の世代に遺伝すれば、実験は成功である。そうでなければ、この実験は生産面では何の意義もないと考えていた。

　翌年、ヨルガオの花とジャガイモの実をつけた個体の種子を栽培すると、地上にヨルガオの花が咲いた。しかし、地中にはサツマイモは実らなかった。トマトの根にもジャガイモは実らず、ジャガイモの上にもトマトは実らなかった。優れた変異は全く遺伝していなかったのである。まさに袁隆平が危惧した通り、接ぎ木をして得た種子は親の代の優れた状態を次の世代に遺伝させておらず、実験は失敗に終わった。袁隆平は原因を考える中で、無性生殖の一貫した正確性に対して疑いを持ち始めた。そして、ミチューリンとルイセンコの理論に基づいて3年間実験を行った結果、この方法では作物の遺伝性を変えることはできないと結論づけた。

　袁隆平は無性生殖や環境誘引、環境馴化を行うことは、実際には回り道だと感じていた。書物や資料を精査する中で、外国の雑誌からメンデル、モーガンの近代遺伝学説の新動向を知っていたからである。これらの学説は当時、異端として「反動的、唯心的」と批判されたが、袁隆平は科学の学派間の争いは、政治問題と簡単には同列に扱えないと考えていた。遺伝性状の物質の基礎は何か。そして、長年行ってきた無性生殖の研究で、栄養雑種が遺伝しなかった理由はなぜか。袁隆平はこれらの現実的な問題に直面して理論と実践を結合させ、より踏み込んだ研究を始めた。そして、袁隆平はミチューリンとルイセンコの学説を捨て、メンデルとモーガンの遺伝学説に立ち戻ることを決めた。当時、袁隆平は学生に遺伝学を教えていたが、教育部からは正式に教科書が配布されておらず、授業ではミチューリンとモーガンの学説しか教えることができなかった。しかし、袁隆平は内緒で学生たちにメンデルやモーガンの現代遺伝学の知識を教え、科学真理の探求や物事の真の意義を求める大切さを説いた。同時に、文献を通じてメンデルとモーガンの典型的な遺伝学は理論上に留まらず、

染色体学や遺伝子学説が品種改良に重要な役割を果たしていることも知り、メンデルとモーガンの遺伝学理論を用いて、育種指導を行うようになった。メンデルとモーガンの遺伝学の基本原理は、袁隆平がのちにハイブリッドライス研究の門を開くための重要なきっかけになったといえる。

1960年前後の3年間は、自然災害の影響を受けたため食糧生産が激減し、全国で食糧の配給が行われ、人々は苦しい時を過ごした。常に空腹感に悩まされる状況に、人々は「民は食を以て天となす」ことを深く感じ、食糧の重要性に気づくようになった。安江農業学校の食堂では当時、コメにソーダ水を足した後、蒸し煮を2度繰り返した「双蒸飯(シュアンジョンファン)」が提供された。コメの体積が大きくなるため、食べ終わった直後は満腹感があるがすぐに空腹になる。袁隆平はこの時の生活を生涯忘れておらず、「空腹で力が出ず、足もふんばれなかった。体はエネルギー不足で、布団に入っても冷えてぐっすり眠れなかった」と語ったことがある。人々は食べ物が足りないため、顔色は悪く痩せ細り、飢えを我慢するしかなく、日々餓死する者がいた。袁隆平自身も5人の餓死者を実際に目にした。橋の下で倒れる者、田んぼで倒れる者、道ばたで倒れる者……そのような惨状を目にするたびに袁隆平は心を痛めた。農業科学に従事する者として、自責の念を感じたからである。農業を学び、国により育成された身として、国の期待に応えて社会に貢献し、農村改革を行い、農民を飢えから救うために貢献すべきだ——その思いは袁隆平の胸にあり続け、袁隆平を食糧増産の研究へと駆り立てていった。

袁隆平はまず、サツマイモの育種研究に着手した。党中央の「党をあげて農業を大いに起こし、食糧生産に力を入れよう」のスローガンに応え、安江農業学校の「教育と生産、科学研究を結びつける」という方針に従い、教師と生徒は農村で活動に従事した。農業関連機関を支援し、学生を連れて農村で実習を行い、サツマイモの献立て多収量生産実験では1株の収量を瞬く間に10kgにまで増やした。

袁隆平は幼い頃、父の袁興烈が天津から持って帰ってきた「小站米(シャオチャンミー)」を食べ、非常に美味しかった記憶があり、コメに特別な感情を持っていた。特に中国南部の主食は90〜95％がコメであることから、コメこそ

圃場で実施する科学研究試験の方法を学生に説明する袁隆平(右端)

が中国の主要な食糧であり、特に南方で一番必要とされる食糧だと考えた。そこで、1960年にサツマイモの研究からイネの研究へと方針を変え、イネの直播きや密植試験などを圃場で行った。直播き試験では1ムー当たりで一般の水田よりも45〜50kg多い収穫を得た。

袁隆平は、農民が高い山で交換して得た種を播き、「施肥は交換した種の栽培に及ばない」との考えを持っていることを知った。さらに、農作業の経験から、農民が切実に必要としているのは良質な種子であり、良質な種子の使用が最も経済的で有効な食糧増産方法だと気づいた。

袁隆平は文献の閲読を通じて、先進国の遺伝学研究は大きく進歩し、メンデル、モーガンの遺伝学理論もすでに生産現場で応用され、大きな成果を上げていることも知っていた。例えば1923年には、米国の科学者が10年間のハイブリッドトウモロコシの実験で、トウモロコシ収量の大幅な向上に成功していた。のちに、メキシコでは収量の非常に多いコムギ品種の栽培も行われた。世界五大作物（イネ、コムギ、トウモロコシ、綿花、油菜）の中で、イネだけが高品質および多収量品種の育成面で進展がなかった。

当時の農業育種研究の主流であり、最も簡単かつ有効な方法の1つ目は系統選抜、2つ目は外国から材料を導入し選別することだった。系統選抜とは、群体の中から生育の良好な変異株を選んで育成を行うことであり、農民の水田で良質の株を選び、その中からさらに選抜を行うことである。袁隆平も系統選抜の方法に基づき、イネが出穂してから成熟するまでの期間、圃場で優良品種の選抜を行った。

生育が極めて優れた特異なイネ

1961年7月のある日、袁隆平はいつもと同じように安江農業学校の試験圃場で品種を選抜していた。とその時、生育が極めて優れた特異なイネを早稲の圃場で見つけた。穂が大きくて籾の粒も多く、8寸ほどの稲穂が10余り頭を垂れた様子は、まるで滝のようにも見えた。穂の1つを数えると、籾はなんと230粒もあった。袁隆平は至宝を得たかのように喜び、この品種を栽培すれば、1ムー当たりの収量が500kgを越えることも可能だと考え、胸を高まらせた。

イネが成熟すると収穫を行い、2年目の春に1000株余りを育て奇跡が起きるかを試し

た。しかし、稲穂の検査結果に袁隆平は失望してしまった。出穂のタイミングも、背の高もまちまちであり親株のような優れた株は1つもなかったからである。袁隆平は失望して圃場の畦に座り込み、不揃いに育ったイネを呆然と見つめた。そして突然、失意の中からあるインスピレーションが湧いた——イネは自家受粉の植物であり、純系品種には分離が起こり得ないのに、なぜこれらのイネは不揃いなのか。袁隆平は交雑種の子孫にしか分離は現れないと知っていたため、この性状の差異は、メンデルとモーガンの遺伝学で説明される「分離の現象」ではないかと考えた。

　直感を大切にしてインスピレーションからひらめきを得ることは、袁隆平の科学的思考の最も優れた特徴である。直感的思考は一種の創造的思考に属す。長期的な活動期間に蓄積された潜在的知識が「活性化」されて一種の思考要素となり、新たな思考過程に関係し、直感的な創造により劇的な成果を生み出す。これがまさしく、直感的な洞察力、つまりインスピレーションといわれるものだろう。アインシュタインは直感的な創造性は経験の基礎の上に成り立つとした。さらに、インスピレーションは神から与えられるのではなく、現在よりも過去に深く根ざし、これまでの実践の基礎から生まれると考えた。袁隆平はインスピレーションを非常に重視しており、「インスピレーションは科学研究においても、芸術創作と同様に非常に重要な役割を果たす。インスピレーションとは知識、経験、探求、思索などが一体化してできあがる精華であり、外部要素の誘発により起きると同時に、一瞬のひらめき（思想の火花）として現れる」と考えていた。この考えに基づき、袁隆平は科学研究の過程でインスピレーションの火花が散るとすぐに、その貴重なひらめきを書き留めていた。

　前年に選別した優良株のイネの分離は、袁隆平に「その株がハイブリッドだった可能性はないか、そして、雑種強勢は他家受粉の作物にのみあるのではなく、自家受粉の作物にも同様にあるのではないか」と疑問を抱かせた。インスピレーションが湧くと、袁隆平はすぐに行動に移し、繰り返し統計をとった。背の高さの分離比率はまさに3：1であり、メンデルが発見した分離の法則と完全に一致することが証明された。これにより、圃場で最初に得た生育が極めて優れた特異なイネは、まさに天然のハイブリッドライスだったと結論づけられた。

　遺伝育種を専門に学んだ袁隆平は、イネは自家受粉の植物ではあるが、一般的には1‰から2‰の確立で自然交雑が起きるという基礎知識を持っていた。実際に、湖南省の「籼」（インディカ米）と「粳」（ジャポニカ米）が混在して栽培される地域では、どちらの水田にも「公禾」や「冬不老」と呼ばれ、往々

にして強勢を現すが、実をつけないイネが現れた。のちの検証により、「公禾」は1‰から2‰の確率で起きる他家受粉で生まれた天然のハイブリッド株であることが明らかにされた。数年後、「公禾」からインスピレーションを受けて、袁隆平は「公禾」はまさにインディカ米とジャポニカ米のハイブリッドだと気がついた。のちにこの発見に基づき、インディカ米とジャポニカ米の雑種強勢を利用した研究に取り組むようになった。

　この2つの例により、袁隆平はイネに雑種強勢があると結論づけた。当時の学術界では、イネは自家受粉植物であり雑種強勢はないと考えられていた。だが実際には、1‰から2‰の確率で自然に交雑が起きており、その天然のハイブリッドを袁隆平は幸運にも見つけ出したのである。1963年には人工のハイブリッド実験により、ハイブリッドの組合せの中にも強勢現象があることを発見した。袁隆平は自然界には天然のハイブリッドのイネがあるため、イネのような自家受粉の作物にも雑種強勢があると予測した。そして、天然のハイブリッドのイネに強勢があるならば、人工的に育成したハイブリッドのイネにも必ず強勢があり、人工的な方法を通じて、この強勢を利用できると考えた。袁隆平はこれ以降、この強勢を利用することによりイネの収量を高められると考え、我が国のハイブリッドライス研究をリードしていった。

第5章

未知を探求し、未来を見通す

袁隆平は「大胆な疑問」に基づく科学的精神を非常に大切にした。科学者の多くは、問題提起を問題解決よりも重要だと捉え、疑問は科学研究の出発点であり、技術イノベーションの原動力と成功を得る先決条件だと考えてきた。袁隆平も疑問の答えを探し出すために、新たな天地へと力強く一歩を踏み出した。

ハイブリッドライス研究の理論的根拠を得るため、袁隆平は自費で北京へ行き、中国農業科学院の著名な遺伝学専門家である楊国栄を訪ねた。また中国科学院作物育種栽培研究所では、モーガンが学部長を務めた名門カリフォルニア工科大学生物学部で博士学位を得て、研究の先駆者である鮑文奎に指導を求めた。袁隆平は鮑文奎に高く評価され、科学研究において大胆な探求を行うように激励を受けたとともに、中国農科院の図書館で専門誌と外国語の資料を何冊も読み、遺伝育種学の最先端の状況、関連理論、注目を集める問題、ハイブリッド育種の実際の進捗状況などについて知識を深めた。

袁隆平が目にした従来の遺伝学理論によると、イネ、ムギなど自家受粉の作物について、進化の過程で長期的な自然や人工的選別を経て、劣勢遺伝は淘汰され、蓄積されて残るのはほぼ全て優勢遺伝だと考えられていた。米国の著名な遺伝学者であるシノット、ダーウィン、ドブジャンスキーの著書『Principles of genetics（遺伝学の原理）』では、異なる生物のハイブリッド優勢について論じられており、コムギを例に挙げると、自家受粉の作物は「自殖では生育の旺盛さは消えないため、他殖では一般的に雑種強勢は現れない」と述べられていた。そのため作物遺伝育種学界では、イネのように厳格な自家受粉作物の雑種強勢現象について否定的な態度がとられていた。その論点は「他家受粉植物の自殖には退化現象があるため、交雑には強勢現象がある。一方、自家受粉植物の自殖には退化現象がないため、交雑には強勢の現象はない」とされた。しかし、袁隆平はこのような考え方は一種のロジック的な推測でしかなく、実験

『Principles of genetics（遺伝学の原理）』の表紙と引用部分

的な根拠がないと考えた。さらに鮑文奎の「事実に基づいて真実を求めることこそ、学問をする態度である」の言葉を思い出し、トウモロコシの自殖系統（純系）による交雑種で雑種強勢があるならば、イネ品種（純系）でも雑種強勢が必ずあると考えたのである。

　袁隆平はイネの天然ハイブリッドの謎と法則を明らかにしようと決めた。そして、考察と分析を通じ、作物のハイブリッドに強勢が現れる決定的な要素は、自家受粉あるいは他家受粉の繁殖方式にあるのではなく、ハイブリッドの両親が持つ遺伝差異の有無で決まると考えた。差異があれば、雑種に内在する生物学的矛盾を構成でき、その矛盾が雑種の生命力を強くし、雑種強勢を生むことができる。さらに、その内在する規則を探し出し、その規則に従って人工的なハイブリッドライスを育成できれば、雑種強勢を生産に応用でき、イネの収量を大幅に増やせると考えたからである。

　イネは自家受粉の作物に属し、その花はとても小さい。その上、1つの花から1粒の種子しか得られない。もし人工的におしべを取り除く方法でハイブリッド種子を大量生産しようとすれば、水田での大規模な生産は不可能である。よって、雄性不稔の特殊品種の選抜が不可欠とされる。この品種は雄花が退化し、正常な雌花を持つ。このような品種が自然界に存在する確率は非常にわずかであり、この特殊なイネは雄性不稔系統と呼ばれる。このイネを母本として正常な花粉を与えれば、受精して結実する。不稔系統の助けを借りれば、人工的におしべを取り除く必要はなく、雑種第1代の種子を大量に得るという問題は解決が可能になり、手間も省きコストも抑えられる。しかし、母本が雄性不稔の特徴を保ち、それを遺伝させるためには母本に実をつけさせる父親となるイネの存在が必要となる。よって、袁隆平は雄性不稔系統、維持系統、回復系統の育成を通じて三系交配を実現し、イネの雑種強勢を利用することを考えた。具体的に説明すると、雄性不稔系統のイネを育成し、維持系統を用いてこの種の不稔系統の繁殖を続け、次に回復系統を育成し、不稔系統の稔性を回復させて雑種強勢を生じさせ、生産への応用を実現させることである。

　三系交配を確立して以来、袁隆平は雄性不稔のサンプル探し、不稔系統の育成、維持系統と回復系統の育成と選別、強勢組合せ選別、種子収穫量の向上などのように、課題の細分化を通じて段階

袁隆平

的な目標を設定し、解決策の模索を行った。

　当時、ハイブリッドライスの育成は世界レベルの科学研究課題であり、米国、日本および国際稲研究所（IRRI）がこの方面の研究を展開していた。米国人のジョーンズは1926年、イネの雄性不稔現象を初めて発見し、イネが雑種強勢を持つことを明らかにした。のちに、インドのクタム、マレーシアのブラウン、パキスタンのアナムおよび日本の岡田正寛、勝尾清、新城長友などがイネの雑種強勢の研究を行った。しかし、理論研究上に留まり実際に生産を行う価値はなかった。国際稲研究所はハイブリッドライス選抜研究を行っていたが、不十分な雑種強勢と種子生産問題が解決できないなどの要因により、研究を中断していた。一方、米国は1970年代初めにハイブリッドライスの研究を始め、不稔系統を手に入れたが十分な不稔性は得られていなかった。1971年から1975年にかけて、カリフォルニア大学はイネの雑種強勢研究を行い、153の組合せのなかで11の組合せが優良対象品種よりも顕著な収穫量の増加を示し、平均で41％増加という結果を得た。しかし、三系交配が確立できず、生産への応用には至らなかった。後日談ではあるが袁隆平は当時、「外国人ができないからといって、中国人にもできないとはいえるはずがない」と思い、挑戦を決意したという。

　記録によると、ハイブリッドトウモロコシとハイブリッドソルガムの研究は天然の雄性不稔株から始まった。トウモロコシとソルガムの雑種強勢の経験に鑑み、袁隆平はイネにも天然のハイブリッドがあるならば、天然の雄性不稔株もあると考えた。

花粉不稔方式について討論する袁隆平と学生

実験室で雄性不稔のイネを観察する袁隆平と助手

1964年6月から7月にかけて、イネが花を咲かせ花粉を飛ばす時期に入ると、袁隆平は広々とした水田を歩き回り、イネの天然の雄性不稔株を懸命に探した。まるで海に落とした針を拾うかのように果てしない作業だった。暑さにも負けず希望を持ちながら、どこまでも広がる水田の中を探し回った。しかし一日一日と時間が過ぎる中、おしべが特異な花は見当たらず、目の前の花は全て正常に見え、雄性不稔の花探しは困難を極めた。

　「退化した雄花だ！」袁隆平は歓喜して大声で叫んだ。袁隆平もこの変わった花を目にしたのは、実は初めてだった。花は咲いているが、おしべは痩せ細り花粉もなく退化している。だが、その花のめしべは正常である。イネの花が咲くと通常は頴が開き、めしべは少し小さめで、おしべは大きく目立ち、その上に黄色の花粉がびっしりとつく。風が吹けば、花粉がめしべの上に落ち受粉して実る。しかし、このイネ株の花は、おしべは全体的に白く、葯も裂開していなかった。たとえ花を振ってみても、花粉は飛びそうにもなかった。このようなおしべは基本的に不稔性だと判断される。袁隆平は虫眼鏡で何度も観察し、雄性不稔の株だと確認し歓喜した。

ハイブリッドライスを観察する安江農業学校の管彦建校長（前列中央）、李必湖（前列左）など

イネの試験材料に関する指標の測定方法を学生に教える

顕微鏡で初となる雄性不稔イネ株の発見

袁隆平が試験圃場に植えた雄性不稔イネの試験材料

第5章　未知を探求し、未来を見通す

袁隆平は花粉がない、あるいは花粉の発育が不十分な場合に受精作用がないと判断した。今回発見したイネは、袁隆平の判断基準にまさに合致した不稔性のイネだった。すぐに採取したおしべを学校へ持ち帰って顕微鏡で観察すると、花粉が退化した雄性不稔の株に間違いなかった。努力は人を裏切らないとは、まさしくこのことだろう。袁隆平は14日間、約14万本にも及ぶイネの花を虫眼鏡で観察し続け、ついに「洞庭早籼」というインディカ品種から雄性不稔株を初めて発見した。そしてこの発見により、ハイブリッドライス育成の実現に向けて、大事な一歩が踏み出された。

　1965年、イネの花が咲く季節に、袁隆平は助手と農業技術員である新婚の妻鄧則を連れて、雄性不稔のイネを再び探した。毎日、炎天下で泥まみれになりながら、腰をかがめて安江農業学校実習農場や付近の生産隊の囲場で、雄性不稔株を探し回った。

　試験データが示すように、イネの雄性不稔株の発生確率は約3000分の1である。袁隆平は1964年と1965年の2年間で約数十万にも上る稲穂を調べ、栽培イネの「洞庭早籼」「勝利籼」「南特号」「早粳4号」品種において、6株の天然の雄性不稔株を発見した。これらの雄性不稔株の花粉不稔の状況は3タイプに分けられる。(1)　無花粉型(2株、「勝利籼」から採取) 葯が小さく痩せて干からびている。白色で裂開なし、花粉を含まない。または極細かい顆粒をわずかに含んだ完全な雄性不稔。略称「籼無」。(2)　花粉不稔型(2株、「南特号」から採取) 葯が細くて小さく、クリーム色、裂開なし、花粉量は少ない。また発育が不完全のため、多くは形状不均一で表面に皺があり、正常な花粉より明らかに小さい。ヨウ素ヨウ化カリウム溶液の青紫色の反応もなく完全な雄性不稔。(3)　葯退化型、葯が高度に退化し、正常な大きさの4分の1から5分の1、無花粉あるいは非常に少量のヨウ素ヨウ化カリウム溶液無反応の花粉がある。「早粳4号」「洞庭早籼」から発見。これらの雄性不稔性株は三系法研究の起点になり、成熟するとそれぞれから自然な受粉を通じて結実した種子が採取された。これらの雄性不稔株から収穫した種子は非常に大切に保管され、いち早く成熟した種子は同年の秋に、残りの種子は翌年の春にそれぞれ播種された。

　その後、袁隆平と妻の鄧則は3種類の雄性不稔植株の観察をするため、育苗鉢を用いて育苗を行った。1965年秋、2年間におよぶ育苗鉢を用いた実験の結果、天然の雄性不稔株の人工交雑による結実率は80％、高いものだと90％以上を示した。この実験によりこれらのめしべの正常さが証明され、交雑した後代には、生育が旺盛で強勢を持つ組合せが現れた。

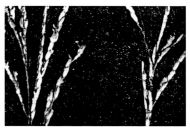 

袁隆平が初めて書いた論文「イネの雄性不稔性」の挿絵　　　　　実験用育苗鉢

　このような反復的な実験と分析的論証を通じ、1965年10月、袁隆平は基礎研究の結果をまとめた「イネの雄性不稔性の発見」と題する論文を書き、中国科学院が主編する『科学通報』の雑誌に投稿した。1996年2月28日、この論文は「イネの雄性不稔性」と題し、『科学通報』第17巻第4期に掲載された。

　論文では、三系（雄性不稔系統、雄性不稔維持系統、雄性不稔性回復系統で、略称を「不稔系統、維持系統、回復系統」とする）の育成と三系交配の方法により、イネの雑種強勢を利用する構想を正式に発表した。この論文で袁隆平は人類史上初めて、無花粉型、花粉不稔型、葯退化型の3種類のイネの雄性不稔病態について論じるとともに、雄性不稔性病の謎を明らかにした。

　同時に論文の中で、イネには雑種強勢がないという理論の聖域に挑み、「イネの雑種強勢の利用を考えるならば、まず雄性不稔性の利用を進めるべきだ」と意見を述べた。自家受粉の作物は雑種強勢がないとの従来の理論的束縛に対して、三系交配やハイブリッドライス育成の構想を提起し、イネの研究史において革新的意義のある領域を切り開き、作物遺伝育種の理論と技術を非常に充実させた。

袁隆平の手書きの原稿と『科学通報』1966年第17巻第4期表紙、目録と論文掲載ページ

科学出版社から袁隆平に渡された報酬通知書

1966年、袁隆平が『科学通報』英語版に発表した「イネの雄性不稔性」論文

研究に没頭する

　論文が掲載された『科学通報』は停刊前の最終号だった。権威ある学術刊行物の停刊前に、研究成果に基本的な承認と評価が与えられたことは、袁隆平にとって非常に大きなチャンスであり、また大きな成果だった。袁隆平が長年行ってきたこの独創的かつ探求的な研究は、雄性不稔がイネの雑種強勢において重要な役割を果たすという画期的な観点と、イネのハイブリッド研究の成功後に生産に応用するという一歩進んだ構想を述べた本論文により、ハイブリッドライス研究を進める上で、1つの青写真を描いた。

　50年余りのち、袁隆平が当時担任だった安江農業学校農303クラスの学生たちは「イネの雄性不稔性」の論文が発表された当時のことを次のように回顧している——袁先生は1965年に、黔陽専区科学技術委員会が主催した科学技術活動会議で、発見したイネの雄性不稔現象と論文「イネの雄性不稔論」を発表し、学術討論を行った。討論会では2つの論点があり、1つ目は「交雑は有益であり、自殖は有害である。イネは自家受粉作物であり、雑種強勢は存在しない」であり、2つ目は「ダーウィンの論文は正しいが、イネは例外で雑種強勢はある」だった。袁先生の論文「イネの雄性不稔性」は英文に翻訳後、『科学通報』英文版に掲載され、周恩来総理に高く評価された。これをきっかけにスタートしたばかりのハイブリッドライス研究は方向性が定まり、研究の幕が切って落とされた。

　その後の「文化大革命」初期に袁隆平は糾弾されそうになり、イネの雄性不稔試験

は停滞する危険に直面した。しかし、国家科学委員会は即座に、この「イネの雄性不稔性」論文に基づき長期的観点からイネの雄性不稔性研究を湖南省の科学研究プロジェクトへ組み込むことを指示した。

教室でイネの雑種強勢についての講義を行う

第6章

共に手を取り、大事を成す

青春時代の鄧則　　学生時代に同級生と歌やダンスを楽しむ鄧則（左から3番目）

　袁隆平の研究は苦難の連続ではあったが、ドラマのようなエピソードもあった。鄧則との結婚はその1つだった。当時、袁隆平は次々と優秀な学生を育てて送り出していた。親になった学生もいるにもかかわらず、袁隆平は依然として独身だったため、卒業生たちは恩師の結婚を心配し、良縁を結ばせようとした。しかし、研究に打ち込む袁隆平にとって、結婚は二の次だったため、縁談を断り続けていた。1963年、すでに34歳となっていた袁隆平の結婚問題は、安江農業学校の教師の間でも懸案事項になっていた。鄧則は袁隆平がクラス担任をした学生であり、袁隆平よりも8歳若く、1959年に安江農業学校を卒業して黔陽県農業局両路口農技拠点に配属され、農業技術推進の仕事に就いていた。鄧則と袁隆平は安江農業学校教師の曹延科と謝万安、王業甫の取りなしにより、意気投合した。当時、袁隆平と鄧則はともに出身家庭が良くないとされたため、結婚相手を探すのには苦労もあった。2人は元々教師と教え子の関係であり、お互いをよく知っていた。鄧則は袁隆平に対して良い印象を持ち、袁隆平は教え上手でスポーツも得意、バイオリンもたしなみ、レクリエーション活動にも長けているなど、自分の好みにぴったり合うと感じていた。一方、袁隆平も鄧則が活発な女性であり、歌やダンスが好きで、特にバスケットボールなどの運動を得意として、黔陽県のバスケットボール代表チームの選手だったことを覚えていた。1963年冬、袁隆平と鄧則が1カ月間付き合った頃、安江農業学校で黔陽県のバスケットボール大会が開かれた。袁隆平の結婚に関心を寄せる安江農業学校の教員たちは、この日を天から与えられた絶好の機会として、袁隆平に結婚の手続をするように勧めた。その上、体育教師の李が試合場で審判と話し合い、試合と結婚手続の両方を成功させようとした。その結果、試合の休憩時間に袁隆平は試合会場から鄧則を連れ出し、自転車に乗せて結婚証の手続に

行った。鄧則によると、試合はまだ終了していないにも関わらず、袁隆平は結婚証の手続が試合よりも重要だと思っていたという。そして、安江農業学校の教員たちは、袁隆平の独身宿舎で簡素だが温かい結婚式を開いた。新郎である袁隆平の質素な部屋にはシングルベッドと机があるだけだった。結婚式とはいえ「喜」の文字飾りすら貼られておらず、あるのは曹延科が買ってきた結婚を祝って配る5元の飴と、女性体育教員の周瓊珠から贈られた一対の蝶が刺繍された赤い布靴だけだった。袁隆平と鄧則の「電撃婚」は、現在でも安江農業学校で美談として語り継がれている。

袁隆平と鄧則の結婚記念写真

青年時代の鄧則

袁隆平と鄧則の夫婦

さらに劇的だったのは、「文化大革命」の開始前に、袁隆平が発表した「イネの雄性不稔性」の論文が『科学通報』の最終号の掲載に間に合ったことだった。のちに「文化大革命」の中で、この論文はハイブリッドライス研究を進める過程で、重要な時にまさに値千金の役割を果たした。当時、安江農業学校で「文化大革命」を指導する「工作組」は、袁隆平を糾弾するため、袁隆平の誤りを書き立てるポスターを貼り出した。さらに、過去に遡って問題を暴き出そうとして袁隆平の人事記録を閲覧し、国家科学技術委員会からの書簡を見つけた。その書簡の中で国家科学技術委員会は、イネの雑種強勢を利用すれば、イ

ネの収穫量を大幅に増やせるという袁隆平の予測を評価すると同時に、湖南省科学技術委員会と安江農業学校に対して、ハイブリッドライスの研究支援を命じていた。この書簡が送られたきっかけはまさに、「イネの雄性不稔性」の論文が『科学通報』に発表されたことにあった。国家科学技術委員会九局の熊衍衡(ゆうえんこう)が論文を見いだし、九局の局長である趙石英に報告した。趙石英はイネの不稔研究は国内外でまだ手がつけられていない研究であり、成功すれば、中国の食糧生産に大きな影響があると考えた。即座に国家科学技術委員会党組に指示を仰ぐと、国務院副総理兼国家科学技術委員会主任の聶栄臻(じょうえいしん)が支持を表明し、国家科学技術委員会党組により全体会議後承認された。1966年5月、趙石英はすぐに国家科学技術委員会の名義で湖南省科学技術委員会および安江農業学校に書簡を発出し、袁隆平のハイブリッドライス研究の支援を指示した。国全体が政治的混乱に陥る日々においても、このようにして袁隆平は科学研究に従事する権利と時間を得ることができ、スタートしたばかりのハイブリッドライスの研究は保護され被害を免れた。「工作組」は国家科学技術委員会の書簡を見ると、黔陽地委に「袁隆平は闘争の対象かあるいは保護の対象か」と指示を仰いだ。黔陽地委の書記孫旭涛は「当然保護の対象である」と回答したため、「工作組」は方向性を急転回させて袁隆平に対する糾弾をやめ、さらには自分たちが管理するモデル圃場の技術顧問を依頼した。

　1956年、現代科学推進のスローガンに呼応し、袁隆平は安江農業学校で教育に従事するだけではなく、イネの雄性不稔研究も行った。さらに学校から試験圃場を分け与えられ、受け持ちの学生も研究補助作業を行えるようになった。

湖南省科学技術委員会が安江農業学校へ発出した書簡

図書館業務を行う鄧則

　袁隆平はハイブリッドライスの研究が行えるのは、鄧則のおかげだと感じていた。鄧則は生活面で内助の功を果たしただけではなく、袁隆平の最大の支持者でもあった。1958年、「大躍進」と人民公社化運動の波の中で、毛沢東は中

国の農業の発展を速めるためには、「土、肥、水、種、密、保、管、工」（農地改良、施肥、水利の確保、種子改良、密植、作物の保護、耕地の管理、農具改良）が必要だとし、農業の「八字憲法」とした。袁隆平は研究室でほかの教師と雑談時に「八字憲法」に「時」の一文字――農時の「時」が足りないと言った。このことが「文化大革命」において、毛主席の掲げる「八字憲法」を改ざんしたとして、袁隆平の大きな罪状となり、打倒すべき階級の敵として糾弾を受けそうになった。このような状況下で、鄧則の「大丈夫、問題ありません。私たちは一緒に農民になりましょう」と言う言葉を聞き、袁隆平は胸を熱くした。「文化大革命」中に離婚した夫婦は数多い。だが、鄧則の袁隆平に対する変わることのないその誠実さは、困難な状況下での偽りのない思いであり、袁隆平の一生で一番の支えになった。

夫を支えた鄧則

袁隆平がハイブリッドライス研究に奮闘する間、夫婦はほとんど離ればなれで暮らした。3人の息子が生まれた後も別々に住み、長男の袁定安は重慶の祖父袁興烈と祖母華静と一緒に暮らした

袁隆平と鄧則夫婦の次男袁定江と三男の袁定陽は満1歳になると、鄧則の母に引き取られた。幼い2人の兄弟はしばらく別々に暮らした。鄧則と袁定江（左）、袁定陽の写真

袁隆平は渡り鳥のように太陽を追って、湖南省、雲南省、広西省、広東省の間を転々とした。広東省湛江で写真に写る袁隆平

第6章　共に手を取り、大事を成す　61

鄧則は常に内助の功を尽くした。1970年代、袁隆平はほぼ全ての精神力と時間をハイブリッドライスの実験につぎ込み、家庭の問題を顧みることはほとんどなかった。鄧則は状況をよく理解して袁隆平を思いやり、家庭のことを全て担った。袁隆平は旧正月も家で過ごせず、7年続けて海南島で迎えたこともあった。ある年には、袁隆平が家に帰ったその日の夜に、長沙市行きを促す電話がかかってきた。またある年は、1日しか家に帰れないこともあった。さらに、次男の袁定江が生まれた時も3日目には、南方へ向けてすぐに出発しなければならなかった。一番大変だったのは、三男の袁定陽が生まれた後だった。鄧則は「五・七幹部学校」(「文化大革命」の時にできた制度で、党や政府の幹部が農村に「下放」して思想改造をはかる学校)に派遣されて農業労働に従事することになり、生まれて2、3カ月になったばかりの袁定陽を幹部学校に帯同した。こうして、長男の袁定安は重慶の祖父母と住み、次男の袁定江は鄧則の実家で暮らし、三男の袁定陽は母と一緒と、袁夫婦の3人の息子はそれぞれ別々に暮らすことになった。それでも鄧則は、袁隆平を恨むことは

袁隆平の成長した3人の息子と鄧則

袁隆平、鄧則と勢揃いした一家(1979年8月に安江農業学校で撮影)

なかった。当時はハイブリッドライス研究の重要な時だったため、袁隆平がもし家庭を気にかけていたならば、ハイブリッドライス研究の成功はあり得なかっただろう。鄧則はイネの研究において、季節は非常に重要であり、袁隆平を家庭に縛り付けられないとよく分かっていた。研究の重要性を理解していたからこそ、どんな苦労をしても袁隆平を陰で支えようとしていた。袁隆平は研究に忙しく、3分の1の時間は海南島か湖南省の試験圃場で過ごし、3分の1の時間で各地での講演や会議に参加し、残りの3分の1の時間でようやく家族と一緒に過ごすことができた。

その困難な年月において、袁隆平を支えたのは鄧則だけではない。1974年、胃がんのため重慶市第三人民医院に入院していた袁隆平の父である袁興烈の病状が悪化したため、家族は袁隆平に電報を打ち帰宅を促そうとした。しかし、袁隆平は当時、遠く離れた海南島の三亜市で種子生産の重要な時期にあり、帰

宅は研究の全てが水の泡になることを意味した。そのため、袁興烈は研究の将来を考えて家族に電報を打たせず、離れて久しい袁隆平に会うこともなく亡くなった。

袁興烈が亡くなると、母の華静は鄧則に安江へ引き取られた。袁隆平は長沙市へ転勤になったが、華静は体調が優れない上に高齢でもあり、都会の生活に慣れるのが難しく、袁隆平と一緒に長沙市で住むことはできなかった。1989年の中秋節に、華静は安江で危篤になった。袁隆平はその時、長沙市でハイブリッドライスの現場会を取り仕切っていた。会議が終わり安江へ急いで帰る途中に、袁隆平は母親の訃報を受け取った。

1982年8月には、袁隆平の義理の母ががんのために入院した。ちょうど袁隆平が外国訪問へ向かう時であり、袁隆平は非常に迷った。義母は袁隆平の葛藤に気づき、安心して出国するように送り出した。しかし、袁隆平の帰国を待たず、心優しい義母はこの世を去った。忠孝を共に尽くすのは、なんと難しいことなのだろうか……。

袁隆平と鄧則夫婦は、このように長い間別々に暮らした。華静が亡くなると、鄧則は3人の子を連れて袁隆平のいる長沙市に移り、家族一緒に住むようになった。こうして1964年から1990年まで続いた26年間の離ればなれの生活も基本的に終わりを告げた。

夫唱婦随で研究に取り組んだ袁隆平と鄧則

第7章

「南繁北育」、難関に挑む

袁隆平が発表した「イネの雄性不稔性」の論文は、袁隆平にハイブリッドライス研究を継続できる環境を確保させた。1967年2月、国家科学技術委員会の指示に基づき、湖南省科学技術委員会は状況確認のため安江へ関係者を派遣し、正式に安江農業学校にイネの雄性不稔科学研究チームを設立させた。湖南省農業庁の許可を経て、李必湖、尹華奇の2名の卒業生を助手として学校に残し、袁隆平は科学研究チームの責任者になった。

　しかし、ハイブリッドライス研究のスタートは困難を極めた。「文化大革命」が始まった時期には、紅衛兵や造反派に栽培中の試験材料の鉢を壊されることもあった。さらに悪質だったのは、1968年5月18日の深夜、人為的に苗が荒らされる事件が起きたことだった。この日は土曜日で、袁隆平は鄧則の農業技術推進拠点へ行っていたが、その夜に大雨が降った機に乗じて、雄性不稔の苗が何者かに全て抜き取られてしまったのだ。次の日、育ちの弱いイネを観察するため、袁隆平は学校へ急いで戻り試験圃場を見に行き、荒らされたイネを見つけ茫然とした。これらの苗は、科学研究チームが安江農業学校の中古盤試験場7号圃場に植えた、花粉不稔型と葯退化型の不稔株の第1期の苗であり、その中には検定交雑中の70余りの品種が含まれていた。

　四方八方手を尽くして探したが、発見できたのは井戸の中に浮いていた試験中の雄性不稔の苗5株だけだった。事件後に広く調査が行われたが、「文化大革命」時代は非常に混乱していたため、最終的に事件は解決されていない。

　「5.18」苗損壊事件により、袁隆平が4年間心血を注いだ希望はほぼすべて打ち砕かれた。しかし安江農業学校の教員と生徒の協力で、幸いにも見つけ出された5株のイネは大切に育てられ、研究材料を残すことができた。

試験圃場にいる袁隆平科学研究チーム

1968年5月18日に苗が荒らされた現場

海南島で「南繁」実施時、袁隆平は同僚と広東省湛江市徐聞県を何度も訪れた。乗船前に撮影

海南島南紅農場に立つ

　イネを荒らされ、袁隆平はショックを隠せなかった。人為的な妨害から研究を守るため、トラブルを避けようと考え、さらに内陸部へ移動してハイブリッドライスの研究を行うことを決めた。1968年の冬から、毎年10月に冷たい風が洞庭湖畔に吹き込むようになると、袁隆平は2人の助手を連れて湖南省、雲南省、広東省、広西省などを転々とし、渡り鳥のように太陽を追って移動した。中国の南方に広がる熱帯地域は、イネの育種の実施とそのスピードアップのために優れた自然条件を備えており、1年を2年分にも3年分にも活用することが可能になる。

　このような空間を時間に変える運用により、熱帯や亜熱帯である南方地域を利用して世代促進を加速させる作業は「南繁」と呼ばれ、ハイブリッドライス研究の進捗を大幅に早め、育種に要する年数を短縮する役割を果たしてきた。現在まで、「南繁」はすでに60年余りの歴史がある。統計によると、全国で約80％の農作物の新品種が「南繁」により育成され、全国の種子業の発展を促進し、農作物の育種に必要な周期を50％以上短縮させた。また「南繁」により、現代農業を支える全国規模の人材集団ができあがった。現在、「南繁」は「シリコンバレー」のような効果を生んでおり、国家の重要な農業科学研究のプラットフォームになっている。

　袁隆平は1970年1月に雲南省の元江で、中国の地震史に通海大地震として記録に残るマグニチュード7.8の地震に遭った。袁隆平は命の危険を顧みず種子を守り、栽培試験を継続させるために運動場に住み込み、ゴザで眠るという生活を3カ月間続けた。

圃場で苗の生育状況を観察する助手と袁隆平

第7章　「南繁北育」、難関に挑む　　67

1974年、全国南繁経験交流会議の代表団。海南島三亜市で撮影

のちに袁隆平は研究チームを率いて、毎年湖南省で秋の収穫を終え、冬が近づきイネの栽培ができなくなると、冬でもイネの栽培が可能な海南島南部の三亜市や陵水などへ試験拠点を移動させた。海南島での試験が終わりイネを収穫すると、今度は種子を内陸部へ持ち帰り、また一連の試験を繰り返した。

1970年、袁隆平はハイブリッドライスの研究を始め、すでに6年が過ぎていた。しかし、助手と共に1000余りの品種を試し、3000を越える交雑組合せ試験を行ったが、不稔株率と不稔度がともに100％になる雄性不稔系統は1つして得られていなかった。納得のいく結果が得られないのはなぜか。研究の行き詰まりを打開するため、親本の類縁関係の近さが交雑後代へ与える影響に関する遺伝学の論文に答えを探した。その結果、南アフリカのソルガムと北アフリカのソルガムにより遠縁交雑が成功した例からヒントを得ることができた。根本的な問題は、実験で用いた数千件の交雑材料の類縁関係が近すぎたことにあった。その頃行っていた実験の材料は、全て国内各地で栽培されるイネの品種であり、類縁関係が近すぎたため成果が得られなかったと考えられた。

1969年、雲南省元江の栽培地に立つ

1969年、雲南省元江の圃場で写真を撮る袁隆平（前列左端）と農村幹部

問題を解決する鍵は、栽培イネという狭い枠を越えて新しい道を切り開き、種子資源を開拓することにあった。日本の学者が1950年代後期に、類縁関係が遠い品種の交雑を通じて雄性不稔のイネとコムギを生産した例および、インディカとジャポニカの交雑において、袁隆平自身が「公禾」と呼ばれる不稔のイネを頻繁に観察した経験に鑑み、インディカとジャポニカの交雑により部分的な不稔が生み出せると考えた。さらに、類縁関係を遠くして、野生イネを用いて試験を行うアイディアを思いついた。袁隆平は研究計画の修正を決め「遠縁の野生イネおよび栽培イネの間で交雑を行う」という新たな構想を立ち上げた。新しい一歩を踏み出すため、袁隆平は野生イネを探し出し、類縁関係の遠い野生イネから研究の突破口を探そうと決めた。これが遠縁交雑を行い、のちに「野敗(イエパイ)」を探し出して重要な研究材料とした動機だった。こうして袁隆平たちは1970年から、雲南省と海南省で野生イネの採取を開始した。

　この間、湖南省革命委員会は常徳市において湖南省第2回農業科学実験経験交流大会を開いた。大会の開催に先立ち、テーマ関連の展示が行われた。黔陽地区の展示室では、イネの雄性不稔実験プロジェクトがパネルの冒頭で紹介された。またパネルの横には、雄性不稔性のイネの苗が展示された。大会初日、湖南省革命委員会の責任者である華国鋒は、ハイブリッドライスの研究パネルを詳細に閲覧しながら報告を受けた。さらに華国鋒は慣例を破り、2日目の会議では袁隆平を壇上へ呼び自らの席の近くに座らせるとともに、発言する機会も持たせた。大会では袁隆平科研チームに賞状も贈られた。

植物の雑種強勢に関する資料を閲読する袁隆平

1970年6月、常徳市で開催された湖南省第2回農業科学実験経験交流大会において、袁隆平科学研究チームが行うハイブリッドライスの雄性不稔実験紹介パネルを閲覧する参加者

　華国鋒は袁隆平科研チームの苦労と模索を通じて得た段階的な成果を評価し、関係する都市や部門に協力を求め、農業科学研究を強化し、科学技術の進歩に基づいて農業生産を発展させるよう指示した。ハイブリッドライス研究は大会において、湖南省全体の共同プロジェクトとして最終的に決定された。

1970年11月23日は、ハイブリッドライスの研究史上特別な日である。この日、湖南省育種チームで育種技術を学ぶ海南南紅農場技術員の馮克珊は、李必湖を連れて野生のイネの収集を行った。2人は南紅農場と三亜空港道路の間に位置する鉄橋下の排水溝付近へ向かった。当時、この辺りには野生イネが生育する200平方メートルほどの沼沢地があり、

「野敗」の発見場所

野生イネがまさに出穂し花粉を飛散させていた。この辺りの野生イネは、大きな葯、鮮やかな黄色、大きな開頴角度、長大な柱頭と柱頭2つの露出を特徴として、非常に識別しやすい生殖性状を持っていた。そして馮克珊と李必湖はすぐに、稲穂の葯が通常と異なる3株を発見した。李必湖はイネの雄性不稔性株の識別に豊富な感覚と知識を持っており、馮克珊もまた観察をした経験があった。このおしべに特徴がある3株の野生イネの穂は、1粒の種子から分蘖し、葯は痩せて細く箭形であり、色は薄く干からびた状態だった。また裂開も花粉の飛散もなく、試験中の不稔株の葯によく似ていた。野生イネを根から掘って試験基地に持ち帰り、顕微鏡で検査を行った結果、顕微鏡の中でも薄青白い色が見えた。袁隆平は顕微鏡でこのイネを確認し、試験圃場で栽培する不稔性株と同様のヨウ素ヨウ化カリウム溶液無反応と認め、「野敗」と名付けた。

米国の学者であるドン・パールバーグ氏は、著書『Toward a well-fed world（暖衣飽食の世界へ向かって）』の中で「野敗」の発見について、「統計学から見るとこのような発見の確率は非常に低いことではあるが、まさにこれは起こるべきして起きた奇跡」だと語った。同氏は発明と創造には、当事者が自分の目で見るだけではなく、物事の本質を内心のひらめきから即座につかむという共通点があると考えていた。まさしくこの点が科学研究の本質といえる。チャンスは志のある者を成功させる。偶然が人々に与える可能性、それがインスピレーションとチャンスである。科学者の役割とは偶然に起きた現象を通じて、その背後に隠された必然性を探し出すことだといえよう。

袁隆平は直ちに「広場矮」「京引66」などの栽培イネ品種を「野敗」と検定交雑し、それらの「野敗」に対する不稔性保持能力を発見した。のちの実験で「野敗」を用いて交雑すると、全てが不稔になる上、その雄性不稔性も保持され、三系法を確立する鍵となった。「野敗」の発見は、ハイブリッドライス研究に新たな契機をもたらしたとともに、最終的に研究を成功させる突破口となった。

「野敗」

「野敗」が当時発見された場所。現在ではハイブリッドライス新品種の栽培と果蔬のビニールハウス栽培が行われている

　1971年1月、湖南省革命委員会は第3回農業科学実験経験交流大会を開催した。大会において、袁隆平を責任者とするイネ研究チームが「野敗」を発見し、三系栽培とイネの雑種強勢を利用した食糧増産研究の飛躍的な進展を遂げたことを発表した。1971年5月、「野敗」の雑種第1代となる200粒の種子が世に出た。袁隆平は中国には2万を越えるイネの品種があるため、その中から理想的な品種系統を選び出すには、より多くの人々の研究への参加が不可欠だと考えた。ハイブリッドライスの研究スピードを速めるため、湖南省革命委員会は研究指導チームを結成して、省常務委員がリーダーとなり指導を強化し、政治的思想、人力、物資面から支援が行われた。また湖南省農業科学院、湖南省農業庁、安江農業学校、湖南師範大学生物学部、湖南省農業庁賀家山原種場などの機関を協力先として、より広い範囲で科学的な実験が行われることになった。

協力チームは湖南省農科院に設置され、袁隆平が技術的な責任者となった。この決定により、多くの研究人員が三系選抜を目的とした科学的な実験に参加した。湖南農学院の教員である羅孝和、湖南省農業庁賀家山原種場技術員の周坤炉、桂東県農科所の郭名奇など、のちに一流の専門家になる者たちも、この時に相前後してハイブリッドライスの研究に参加した。その後、広東省、広西省、江西省、湖北省、新疆ウイグル自治区などの8つの省と自治区で、30人余りの研究関係者が海南南紅農場湖南基地において現場で学びながら、専門知識を身につけて事業に協力した。袁隆

1970年代、ビニールハウスで研究問題について話し合う袁隆平と助手

平は、野生イネと栽培イネを交雑して得た雄性不稔系統を利用し、ハイブリッドライスの三系交配の早期実現を目指した。そのため、心血を注ぎ7年をかけて育てた200粒余りの「野敗」雑種第1代の種子および「野敗」の再生分蘖苗の提供を迷いなく決め、全国にある18の関連機関に自ら送り、技術的な難関に協力して挑んだ。

技術的難関に立ち向かう袁隆平とハイブリッドライス研究チーム

　ハイブリッドライス研究の最も重要な時期には、非常に積極的な研究活動が行われた。湖南省は「夏は長沙市、秋は南寧市、冬は海南島」と「南繁北育、一年三代」（南方の気候を利用して、1年で3世代の世代促進を行う）とする育種スピードアップ計画を立てた。

　苦しい「南繁」での歳月は、袁隆平ら研究チームの覚悟を試した。彼らは寝具を丸めて荷物と共に背負い、「南繁」の地へ向かった。現地は非常に暑く、ゴザは欠かせなかった。現地の食事の味は口に合わず、食欲を出すには地元湖南省の干し肉が頼りだった。そのような状況下でも、袁隆平たちにとって何よりも重要な携帯品は、種子を入れる鉄桶だった。彼らは脇目も振らず「天と海の果て」と呼ばれ、亜熱帯地域に位置する三亜市へ向かった。太陽や砂浜を楽しむ余裕などは全くなかった。内陸部の農村と比べて劣悪な生活環境のため、快適に過ごせる住居もなく、掘っ立て小屋に住んだ。寝る時は雑魚寝、食事をするにも煮炊きには薪割りを必要とし、さらには野菜を洗うにも水を運んでくるという生活ぶりだった。しかし袁隆平たちは志を高く持ち、この南国の焼けるような土の上で、ハイブリッドライスという奇跡の種を開花させた。

袁隆平たちが海南島三亜市で「南繁」実施時に暮らした場所（1973年に撮影）

袁隆平たちが海南島三亜市で「南繁」実施時に暮らした場所（1980年に撮影）

　1972年3月、イネの雄性不稔研究は「全国農林重要科研重点プロジェクト」に選出された。湖南ハイブリッドライス研究協力チームの活動状況は際立っており、当日の中国農林科学院および湖南省農業科学院の取りまとめにより、全国19の省、自治区、直轄市の農業科学院および大専院校（日本の短大に相当）による全国的な協力チームが組織された。湖南省に続き、江西省、新疆ウイグル自治区、福建省、安徽省、広東省、広西省などは、早い段階で「野敗」原始株を利用して、各自が保持する栽培イネの品種と「野敗」の交雑を行い、「野敗」原始株が持つ雄性不稔性遺伝子を栽培品種へ取り込む試みを行った。江西省萍郷（へいきょう）市農業科学研究所などの機関は、湖南の実地研修へ関係者を派遣し、「野敗」原始株と7種類のインディカ米およびジャポニカ米のイネ品種と交雑を行った。その結果、「野敗」に対して異なる保持能力を見せ、不稔系統選成において「野敗」は利用価値の非常に高い貴重な材料であることが証明された。「野敗」との交雑ペースを速め、「野敗」を主要材料とした三系育成の技術的な難関に挑む全国的な総力戦が展開された。数十の機関が相互に補完し合い、数千を越える組合せの検定交雑と数代の戻し交雑を通じた選抜を実施後、全国の関係する省、自治区の研究関係者は再び海南島に集まり育種実験を行った。この間、すでに国務院業務組副組長になった華国鋒の指示により、ハイブリッドライスは国家の重要科学研究プロジェクトになり、国を挙げて取り組むべき課題とされた。

　全国数十カ所の研究機関は、千を越える栽培イネの品種を使用し、「野敗」と組合せて戻し交雑を行った回数は優に万の単位を越えた。1972年冬、第1期の不稔系統および維持系統が誕生した。湖南省の袁隆平と周坤炉などは「二九南1号A」不稔系統とその維持系統および「V20」不稔系統とその維持系統、江西省の顔竜安などは「珍汕97」不稔系統とその維持系統、福建省の楊聚宝は「威41」不稔系統とその維持系統などを次々に生み出した。さらに福建省の「京引66」「京引177」、新疆ウイグル自治区の「査系83」「杜字129」、広西省の「広選3号」などの品種も農業形質が一致し、不稔株率および不稔度がともに100％を達成した個体群になった。

実験室で花粉の顕微鏡試験を行う袁隆平と助手の尹華奇（右）

1977年、ハイブリッドライスの生育状況を観察する袁隆平と助手の李必湖（左）

袁隆平と湖南ハイブリッドライス研究協力チームのメンバー

　この時、中国の第1期「野敗」細胞質不稔系統および対応する維持系統の育成が宣言され、野生イネ資源の開発と利用も始まった。野生イネと栽培イネの交雑による三系選抜は、我が国での実践を通じ、有効かつ重要な方法だと証明された。

　回復系統の選抜も同様に、類縁関係あるいは地理条件による差異に基づく交雑の原則を守り、長江流域、華南、東南アジア、アフリカ大陸、アメリカ大陸、ヨーロッパなどの1000を超える栽培イネ品種と検定交雑および選別を行い、回復能力を持つ100余りの品種が発見された。特に東南アジアの品種の中から、IR24を代表とする顕著な雑種強勢を持ち、葯が発達しかつ花粉量が多く、回復度が90％以上になる複数の回復系統を発見した。そして1973年、全国ハイブリッドライス研究協力チームはついに、その東南アジア品種の検定交雑を通じて、強力な回復力と優れた雑種強勢を示すいくつかの回復系統の発見に至った。

ハイブリッドライスの結実状況を観察する袁隆平と周坤炉（左）

当時、大規模な協力プロジェクトで奮闘していた羅孝和、黎垣慶、張健たちベテランの専門家は、その頃のことを思い出すと今でも目頭を熱くする。1971年、江西省萍郷市農業科学研究所で「野敗」のインディカ型不稔系統とその維持系統の基礎的な選別作業を終えると、国内の品種と不稔系統を用いて数千にも上る交雑の組合せを行った。しかし、回復能力を持つ品種は発見できず、その後も不稔系統のために回復系統を探し回る日々が続いた。当時、袁隆平の助手だった張健、黎垣慶、羅孝和は作業を分担し、張健は不稔系統選抜への協力、黎垣慶は検定交雑を通じて回復系統および強勢組合せの選別、羅孝和はC系統の人工的な種子生産と純度保持の研究を担当した（「C系統」とは、1964年に袁隆平が安江農業学校にある「勝利籼」の大規模圃場で発見した無花粉型株を指す。のちに「中籼」品種の「南広占」を用いて交雑し「南広占」無花粉型不稔株を得た。この材料の圃場番号がCだったため、「C系統」と呼ばれる）。袁隆平は低緯度品種の回復系統を探すべきだと主張し、黎垣慶に回復遺伝子の地理的分布について研究するように指示を与えた。1972年下半期、黎垣慶は全国各地へ派遣され、異なる類型品種を集め回復系統の選別を行った。袁隆平は黎垣慶の出発前に「国際稲研究所の品種を選ぶこと」と指示を与えた。袁隆平の指示通り、黎垣慶は広東省農科院からIR24など国際稲研究所に由来する品種を選び、1973年始め、海南島三亜市の荔枝溝旧駅近くに位置する南繁基地（東安4隊）で栽培を開始した。3月から4月にかけての出穂期に、袁隆平たちはIR24を用いてそれぞれ「二九南1号A」と検定交雑を行った。しかし、IR24など国際稲研究所に由来する品種は育成期間が長く、検定交雑に遅れが生じた。袁隆平らが長沙市に帰るまでには十分に生育しなかったため、のちに現地の研修生が検定交雑でできた種子を収穫して長沙市に持ち帰り、張健の下にいた研修生の文質連が試験圃場で栽培を行った。この検定交雑の組合せにより生まれた種子は、7月から8月にかけて穂を出した。袁隆平が鑑定を行うと、IR24には非常に強い回復力があったため、顕著な雑種強勢を示した。「二九南1号A」とIR24交雑の組合せ（のちに「南優2号」と改名、以下同じ）の生育状況はまさしく、以前圃場で発見した生育が極めて優れた特異なイネとよく似ていた。袁隆平は非常に喜び、羅孝和を呼び寄せ強勢の状況を観察させた。50年近く隔てた今でも、袁隆平の助手を務めたベテランたちは顔を合わせると、その当時の光景を思い出す。IR24と「二九南1号A」の検定交雑を通じて得たこれらの種子は、当初紛失したと思われていた。しかし、実際には圃場の番号が元の品種名称に戻っていなかっただけで、張健の試験圃場で栽培されていたことが後に判明した。同時にそれは、「野敗」のインディカ型不稔系統の三系交配が

この時には事実上完成し、顕著な強勢を持つ組合せである「南優2号」としてその実力が現れていたことを意味した。その事実が分かると皆は、万感の思いが湧いたと同時にそっと胸をなで下ろしたという。長沙市での試験で、1ムー当たりの収穫量は675.8kg、国際稲研究所の多収量である親本IR24よりも16.43％の増産を実現し、歴史的な快挙となった。安江農業学校の試験栽培では、中稲の1ムー当りの平均収量は628kgに達し、二期作晩稲の1ムー当たりの収量が初めて500kgの大台を超えた。

湖南ハイブリッドライス研究協力チームの会議に出席して発言する袁隆平

1974年、袁隆平は安江農業学校で「南優2号」の試験的な栽培を行った

　1973年、広西農学院、広西農科院、広東協力チームも晩期栽培試験中に、検定交雑を通じてIR24の強力な回復力を確認し、湖南省協力チームの鑑定結果を証明した。「南優2号」の示した非常に強力な雑種強勢は、袁隆平が世界で初めて大規模な圃場実験においてイネの雑種強勢利用に成功したことを意味した。そして「イネは自家受粉植物のため、利用できる雑種強勢はない」と主張した人々に、ハイブリッドライスの持つ潜在的な影響力を強く印象づけた。
　1973年10月、江蘇省蘇州市で第2回全国ハイブリッドライス科学研究協力会議が行われた。袁隆平は湖南省稲雄性不稔系統研究協力チームを代表し「『野敗』を利用したイネ三系育成状況に関する報告」と題して発表を行い、中

国のインディカ型ハイブリッドライスの三系交配の成功を明らかにした。この会議で、社会主義における大規模な協力作業には、非常に大きな優位性があることが明らかにされた。我が国はわずか3年という期間で、ハイブリッドライスの三系交配を成功させたことにより、中国におけるイネの雑種強勢利用の研究で大きな躍進を遂げた。十年一剣を磨く。袁隆平を中心とした研究者たちは10年近い時間をかけて、ハイブリッドライスをついに実現させた。

　三系交配という難題を解決し、遠い類縁関係、優良な農業形質の補完性、および親の1つに多収量品種の回復系統と不稔系統のハイブリッドを選ぶことで、栄養成長と生殖成長がともに顕著な強勢を現す優良な組合せが選抜できるという原則に従い、全国で「南優」「矮優」「威優」「汕優」など一連の強勢が顕著なインディカ型ハイブリッドライスの組合せが選び出され、交配が続々と行われた。強勢組合せの選抜という難題が解決し、ハイブリッドライスの早期生産に向けて技術的な準備が整えられ、一連の交雑組合せ区域性試験では、一般的に20％の増収が達成された。また、ハイブリッドライスの品種には、強い分蘗力、発達した根、旺盛な生理機能、太くて丈夫な茎、大きな穂と多粒性、強い適応性など一般のイネの品種にはない優れた特性が見られた。

1975年、三系交配、強勢の組合せ選抜、種子生産というハイブリッドライス研究の難関を突破した

　過去の研究では、イネの他家受粉率はわずか2.4％と、雑種第1代の種子収穫量は極めて少なく、必要とされる収穫量とは大きな乖離があった。国際稲研究所がかつてハイブリッドライスの研究を中断した原因は、当時の研究所内で種子生産という難題の打開に厳しい意見が多かったことにある。しかし、袁隆平が率いた研究チームは、父本と母本の開花時期を合わせるという問題解決の鍵を見つけ出し、一連の整備された種子生産技術体系を形成した。この体系に基づいて、種子生産という難題が解決でき、収穫量も次第に増加していった。その結果、1ムー当たりの収量は150kgを越え、種子生産の壁が乗り越えられた。

　第1回全国ハイブリッドライス科学研究協力会議が長沙市で開催されると、

引き続き蘇州市、南寧市、長沙市などの地で第2〜4回の全国規模の協力会議が開かれた。こうして国を挙げて三系法、そして強勢の組合せ選抜と種子生産というそれぞれの壁を乗り越え、ハイブリッドライスの大規模生産への応用を開始する時期が熟した。

ハイブリッドライスの種子生産について海南島で講義を行う

顕著な強勢を持つハイブリッドライス「南優2号」を育成し、世界で初めてイネの雑種強勢の利用に成功し、第一人者に

　当時の国際社会では、中国のハイブリッドライスについて、農業科学を生み出したとされる西側諸国を離れ、中国が自ら創造して得た成果だと広く認識された。中国は世界で最初にイネの雑種強勢を生産に応用した国だといえる。

　37年後、前国際稲研究所所長のスワミナサン博士は、袁隆平の80歳の誕生日に手紙を送り「袁博士はハイブリッドライスの奇跡を起こし、不可能を可能にした」と称賛を込めて祝福した。

　1976年から全国で大規模な栽培に着手するため、1975年末、湖南省農科院の科研活動分野担当副院長の陳洪新は、袁隆平など関係者を率いて北京へ行き、国務院常務副総理の華国鋒に会った。そしてハイブリッドライスの湖南省における発展状況を報告するとともに、全国への推進を進言した。陳洪新と華国鋒はかつて、抗日戦争末期に南方各地で革命と建設に共に当たった幹部であり、古くからの知り合いだった。1975年12月22日、華国鋒は面会時に、中共中央政治局委員、国務院副総理の陳永貴、および

前国際稲研究所所長のスワミナサン博士から袁隆平の80歳の誕生日に送られたお祝いの手紙

農林部部長の沙風、常務副部長の楊立功を同席させて報告を受けた。中南海の小会議室で、華国鋒は2時間余りをかけて丹念に報告を受け、時折質問を投げかけるとともに記録も取った。そして、ハイブリッドライスを高く評価するとともに、全国へのハイブリッドライス推進において、農作業の時期を逃さないように、問題が生じた場合、迅速な解決が必要だと考えた。華国鋒は「ハイブリッドライスには積極的に取り組まなければならない。確実に推進するためには、指導層の注目、幹部の育成、全面的な計画、重点項目の把握、モデル提示、経験の総括、点から面への迅速な普及が必要である」と対策を明らかにした。さらに、その場で次のような指示を行った。第1に、中央は150万元の資金提供および400万kgの食糧指標を出し、ハイブリッドライスの普及を支持する。その中で、120万元は湖南省へ種子調達の対価として支給し、ハイブリッドライス種子普及の資金不足問題の解決に充てること。30万元は広東省の「解放」ブランドの自動車15台の購入費用に充て、車両輸送班を組織して輸送上の問題を解決し、適時「南繁」の種子を国内へ普及させること。これらの措置はのちに、国内でハイブリッドライスの栽培面積を拡大させる上で重要な役割を果たし、非常に的確な支援だったと評価される。第2に、農林部が主管して、広州市で南方の13の省、自治区、直轄市を集めてハイブリッドライス生産に関する会議を開き、迅速な普及に向けて段取りを整えること。これらの指示に基づき、1976年1月には、全国で第1回目となるハイブリッドライス生産会議が広州市で開催され、南方の13の省、自治区直轄市の農業庁の庁長、農科院の院長およびハイブリッドライス科学研究の中心的な研究者が参加した。会議では全国の1年目の繁殖、生産、モデル栽培生産計画について話し合いが行われ、実施方法が定められた。そして科学研究従事者1万5千人が海南島、広西省へと派遣された。競い合うように圃場で繁殖と種子生産作業が行なわれる姿は、まさに壮観だったという。1976年、累計種子生産面積は3万3千ムー（2200ヘクタール）となり、ハイブリッドライスの種子200万kg余りが収穫された。

ハイブリッドライスという時代を超越した科学技術の成果を迅速に生産へ応用させるため、当時の農林部部長の沙風と副部長の劉錫庚、湖南

1970年代に開催された南方ハイブリッドライス生産現場会議

省農業庁庁長兼湖南省農科院党委書記の陳洪新は、自らが陣頭に立って広く呼びかけや宣伝活動を行い、ハイブリッドライス栽培普及に非常に大きく寄与した。

1975年冬、全国各地から海南島に関係者が派遣され、大規模（3万ムー（2000ヘクタール）な種子生産が行われ、1976年のハイブリッドライス全国普及に向けて準備作業が進められた。写真は生産された種子を内陸部へ運ぶため、トラックに積み込む様子

陳洪新(右から2人目)へ額を送る袁隆平

一緒に将棋をさす袁隆平と陳洪新（左）

1976年、江蘇省武進県のハイブリッドライス育種場で指導を行う

1977年、袁隆平の指導と支援により、江蘇省武進県に1万ムーのハイブリッドライス圃場が作られた

1970年代、湖南省桂東県大水公社でハイブリッドライス技術指導を行う

1970年代、水田でハイブリッドライス栽培の指導を行う

水田で農民に指導を行う

　この時から、ハイブリッドライスは世界の優良種普及の歴史上かつてないほどのペースで、中国全土へ迅速に広まった。1975年、南方の各省区市の栽培面積は5550ムー（370ヘクタール）余りだったが、1976年には208万ムー（約13万9千ヘクタール）に急増した。湖南省だけを見ると、ハイブリッドライスの栽培面積は126万ムー（8万4千ヘクタール）余りであり、1ムー当たりの平均収量は306.5kgだった。続いて、1977年には3150万ムー（210万ヘクタール）へと急速に拡大し、1991年にはすでに2億6400万ムー（1760万ヘクタール）に達した。中国のハイブリッドライスの栽培面積は全国のイネ栽培面積の50％以上を占め、その収穫量は中国だけではなく世界においても奇跡を成し遂げている。統計によると、ハイブリッドライスは1976年の普及開始以来、栽培面積は累計で90億ムー（6億ヘクタール）に達し、籾の増収分は累計で8000億kg余りに達した。

袁隆平(左から2人目)とハイブリッドライス研究チームのメンバー

水田で農民にハイブリッドライスについて指導を行う

普及面積が最大である三系インディカ型ハイブリッドライス「汕優63」

ハイブリッドライスの研究成功に、無上の喜びを感じる

ハイブリッドライスの収穫を喜ぶ栽培農家

第 8 章

挑戦と奮闘、止まらぬ探求

1983年、湖南省科学技術委員会は湖南ハイブリッドライス研究センター建設を求める要望を提出した。右から3番目が同委員会計画部部長の藍臨

1. 湖南ハイブリッドライス研究センターの設立

　ハイブリッドライスの三系交配に成功すると、組織の指導力の向上と、ハイブリッドライスの発展促進が新たな課題となった。1983年初頭、湖南省科学技術委員会は湖南ハイブリッドライス研究センター成立の要望を中央に提出することを決めた。同委員会計画部部長の藍臨は、ハイブリッドライス科研プロジェクトについて、食糧増産を通じて人々を幸せにし、国家の食糧安全を確保する科学的な方法であるとの意見を持っていた。さらに、ハイブリッドライス研究のためには、より理想的なプラットフォームを作り上げて支援すべきだと考えたため、関係者と共に北京へ赴き、国計委に予算申請を行った。国計委もこのプロジェクトを非常に重視し、500万元の支給と支援を決めた。この支援策からも、党と政府がハイブリッドライス事業を非常に重視し、大きな期待を寄せていたことがわかる。そして1年も経たない間に、長沙市東郊外の馬坡嶺にある数十ヘクタールの土地に、実験棟、事務棟、宿舎などが次々と建設された。湖南ハイブリッドライス研究センターの所長には、袁隆平が就任した。1984年6月15日、湖南ハイブリッドライス研究センター設立大会が開かれ、湖南省省長の劉正が取り仕切った。

　海南省三亜市はハイブリッドライスの研究開発の過程において、空間を時間に変え、育種周期を短縮させるという唯一無二の役割を果たし、世代育成のペースを速める「南繁」の最適地となった。湖南ハイブリッドライス研究センターの南繁基地は、変遷と拡大を通じて、三亜市の南紅農場から荔枝溝駅の作業区、続いて三亜警備区師団司令部農場租借地、さらには海棠湾までの建設が計画されて現在に到る。袁隆平の研究チームは50年余りにわたり、渡り鳥のようにこの三亜市と長沙市の間を途切れることなく行き来した。

1984年6月15日、湖南ハイブリッドライス研究センター設立大会を開催

湖南ハイブリッドライス研究センター海南南繁基地

海南省三亜市警備区師団司令部農場内の南繁基地にある湖南ハイブリッドライス研究センター

海南省三亜市海棠湾の新南繁基地にある湖南ハイブリッドライス研究センター

2. ハイブリッドライス育種の戦略構想

　1970年代から80年代にかけて、我が国のハイブリッドライス研究および利用は輝かしい成果を収めた。しかし育種面から分析すると、ハイブリッドライスの研究はまだ初歩的な段階にあった。

イネの観察

ハイブリッドライスの雑種強勢の質を向上させる方策を思案

机に向かい資料を確認

1986年、ハイブリッドライス育種の戦略構想を提起

　1980年代初期に世界的な食糧不足に直面し、袁隆平はいかなる苦労をしても研究をやり遂げ、ハイブリッドライスの収穫量の増加を通じて十分な食糧を確保するとともに、国家富強への貢献を決心した。同時に、袁隆平は科学的な研究はスポーツの高跳びと似ていると考えていた。高跳びも科学的な研究も、1つの高さをクリアできると、また新たな高さへの挑戦が待っている。もし挑戦を続けなければ、そこで負けが決まり人の背中を追うことになる。袁隆平はハイブリッドライス研究という新たな高い山を目指し、登り続けようと心に決めていた。

　イネの雑種強勢利用研究について、国内外で新たな進展があった。1980年以後にはイネの温度感応性雄性核遺伝子不稔性および広親和性遺伝子などの新材料の発見や、さらには現代バイオテクノロジーの持続的な進歩が見られた。袁隆平はこれらの状況に基づき、収穫量や強勢利用などの方面で新たな技術的躍進を遂げるためには、育種上新たな材料と方法を採用し、三系法の品種間交雑の枠を飛び出すべきだと考えた。1986年、袁隆平はハイブリッドライス育種戦略の構想を練り上げた。育種方法については、三系法から二系法、さらに二系法を経て一系法へ、煩雑から簡潔な方向へ、そして効果がより高まる方向へと発展させる考えを明らかにした。雑種強勢レベルの向上については、品種間の雑種強勢利用から亜種間の雑種強勢利用、さらにはイネとそのほか遠縁の雑種強勢利用という雑種強勢のより強い方向への発展を進めるとした。つまり三系法ハイブリッドライスから二系法ハイブリッドライスへと発展させ、最終的には一系法ハイブリッドライスへの発展を目指した。

雑誌『雑交水稲（ハイブリッドライス）』（1987年第1期）に、袁隆平が発表した「ハイブリッドライス育種の戦略と構想」と題する論文

3. 二系法ハイブリッドライス研究

　1973年10月上旬、湖北省沔陽県農業技術員の石明松は、大規模圃場で栽培中の晩生ジャポニカの個体群から雄性不稔株を探そうと試みた。石明松は一毛作の晩生ジャポニカ品種である「農墾58」を栽培する圃場で、典型的な雄性不稔の突然変異株3株を発見した。夏には雄性不稔性、つまり花粉の受精能力がなくなる。しかし、秋になると正常になり、稔性を回復するという一種の日長感応性雄性不稔型のイネである。6年間の系統的な試験研究により、「農墾58」から選抜したこの晩生ジャポニカそのものは不稔株であり、長日条件で不稔に、短日条件では稔性可能へ転換する特性があると結論づけた。石明松は「晩生ジャポニカの自然両用系選抜および実用の初報」(『湖北農業科学』1981年第7期に掲載)の論文で、この種の稔性転換が可能なイネは、不稔期には母本として交雑して種子を生産でき、可育期には自殖によって不稔系統種子を生産できるとし、一系両用であることから両用系として「農墾58S」と名付けられた。

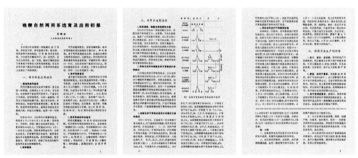

『湖北農業』(1981年第7期)に石明松が発表した「晩生ジャポニカの自然両用系選抜および実用の初報」と題する論文

　この新たなイネの不稔資源により、二系法でイネの雑種強勢利用ができる可能性が生まれ、ハイブリッドライスの新たな育種と利用への道が開かれた。この研究は国家自然科学基金委員会により重点および重要プロジェクトとして認められ支援を受けるとともに、国家科学技術躍進計画および「863計画(国家ハイテク研究発展計画)」からも次々と資金援助が行われた。1987年、二系法研究が国家「863計画」プロジェクトとして認められると、袁隆平はプロジェクトリーダーと首席専門家に就任し、16の関係機関を統括する立場でプロジェクトに取り組んだ。いわゆる二系法とは特殊な雄性不稔性のイネを基にした

人工気候室で観察と研究を行う

育種技術である。三系法と比較すると、その優越性は夏の日差しが長い時には種子生産に用いることができ、春、秋は自身で繁殖できるという一系両用であり、維持系統を省略できることである。例えるならば、ハイブリッドライス育種の「一夫一妻制」といえる。

しかし、二系法ハイブリッドライス研究は順調には進まなかった。1980年代半ばまでに、多くの研究機関が石明松の発見した育成転換の可能なイネについて研究を進めた。そして、この不稔系統のイネは日照時間の長短の影響は受けるが、温度とは無関係、つまり長日条件で不稔になり、短日条件では稔性を回復するとの初期の研究結果を得て「日長感応性核不稔イネ」と名付けた。一年を通じた日照時間の変化は規則性があるため、この規則に従いさえすれば、夏の長い日照時間の下で種子を生産し、春や秋の短い日照時間の下では不稔性の種子を生産でき、二系法でのハイブリッドライスの種子生産にはリスクが存在しないと考えられていた。しかし、1989年の盛夏に長江流域で異常気象が起こり、低温の日が4日から5日間続くと、種子生産のために用いた日長感応性雄性不稔性のイネが長時間の日照の下で稔性を回復し、種子生産に失敗するという事態が起こった。この二系法研究の重大な挫折に、二系法研究の前途が危ぶまれた。研究者の中には自信を失う者も多くおり、二系法ハイブリッドライス研究は重大な試練に直面した。

しかしこの重要な時に、袁隆平および全国の協力チームの主要メンバーは動揺することもなく、一丸となってこの種の稔性変化現象について踏み込んだ研究を行った。袁隆平は冷静な分析を経て、イネの日長感応性雄性不稔系統の選抜には、まず稔性の温度に対する反応を考慮すべきであり、稔性転換と日照、温度の関係の基本的な法則の解明が鍵となると判断した。袁隆平はすでに選抜した核不稔系統の観察と試

1986年、「863」二系法ハイブリッドライス技術研究および応用に関する専門家李成荃（中）および廬興桂と話し合う

験を行い、さらに選抜用として認定された両用不稔系統を加え、まず考慮すべきは稔性の温度に対する反応であり、日照時間の長短だけではないとした。また最も重要な指標は、雄性不稔が生じる起点温度を低くすることだと考えた。袁隆平は長江流域の記録に残る気象資料を詳細に調べ、二系法ハイブリッドライス開発の進むべき方向を見定めた。そして、雄性不稔開始温度が23.5度を越えない、新型温度感応性雄性不稔系統を育成する技術戦略を立てた。この決定は専門家に自信をもたらし、思想的な懸念を解消した。この指導方針に基づき、湖南ハイブリッドライス研究センター研究員の羅孝和は、まずは要求に合う低温度感応性不稔系統──「培矮64S」の育成に成功した。のちに「両優培特」の組合せを生み、全国で初めて省レベルの鑑定に合格し、両用不稔系統と二系法のパイオニア的組合せになった。この技術戦略に基づき、実用的な温度感応性雄性不稔系統と二系法ハイブリッドライスの組合せが続々と育成され、二系法ハイブリッドライスは試験研究から実用的な生産への転換が可能になった。

　全国の協力チームの専門家らは「袁先生はハイブリッドライス研究が行き詰まり紆余曲折を迎えるといつも、正確な方向性を導き出し、進むべき道をはっきりと示される」と袁隆平の健在ぶりを称えた。3年の努力を経て、全国協力チームはついにイネの温度感応性不稔系統の育性転換と日照および温度関係の基本的な法則を明らかにした。袁隆平に「二系法ハイブリッドライス研究のリーダー」と称えられた羅孝和は、実践を通じて冷水灌漑降温法を発明し、高温下で自家受粉が起きるという技術的な難題を克服した。温度感応性雄性不稔系統の親本に自家受粉をさせて1ムー当たりの収量で200kg余りを達成し「高温で種子生産、冷水灌漑で自家受粉」の2つの成果を実現させた。この技術上の躍進は、二系法ハイブリッドライス研究の大きな節目となり、「培矮64S」は国家科学技術進歩賞の一等賞を受賞した。

二系法ハイブリッドライス研究のリーダーで、袁隆平の助手の羅孝和

水田で二系法ハイブリッドライスの観察を行う

水田で二系法ハイブリッドライスの不稔材料を観察する袁隆平と助手たち

1988年、「863計画」定例会において科研プロジェクトの進捗報告を行う袁隆平

　二系法ハイブリッドライス研究が進歩するに連れ、新たな問題が現れた。温度感応性雄性不稔系統の繁殖過程において、高温に敏感な個体の比率が毎年増加するという問題である。温度感応性雄性不稔系統の不稔開始の温度遷移を防止するため、袁隆平はすぐに、イネの温度感応性雄性不稔系統の純度保持方法と原種生産手順を提案した。その仕組みとは、単株選択→低温或いは長日低温処理→再生種子採取（育種家種子）→原原種→原種→種子生産である。このような純度保持と原種生産手順は、不稔開始温度が次第に高くなり、不稔系統の実用価値を失うという問題の解決になった。その上、容易に実施できるため、1株の再生イネで100ムー（約6.7ヘクタール）の水田で使用できる原種の生産が可能にもなった。生産に応用されると、イネの温度感応性雄性不稔系統の純度保持と繁殖の新体系になり、著しい効果を上げた。

　二系法ハイブリッドライス研究はその後も多くの問題に直面し、研究を率いる袁隆平に対して次々に挑戦と試練をもたらした。しかし、袁隆平はその度に全国の協力チームを率いて難題に立ち向かい、リーダーとしての役割を果たし、鮮やかに難局を打開していった。

　1つ目は、ハイブリッドライスの育種に対して「3段階発展戦略」の戦略構想の提起を行ったことである。特に発展の第2段階において、温度感応性核不稔遺伝子と広親和性遺伝子を結合させ、亜種間の雑種強勢の利用を通じて、ハイブリッドライス作物の単位面積当たりの収量のさらなる向上、ハイブリッド種子生産過程の簡素化、生産コストの削減を実現し、世界の科学技術界から広く称賛を集めた。

　2つ目は、二系法育種のために操作可能な実施プランを探し出し、鍵となる技術の開発を導き、この科研成果を現実的な生産力へと迅速に転化させたことである。その中には次の4点が含まれる。(1)　イネの温度感応性雄性不稔転換

と日光、温度関係の基本的な法則の解明　(2)　実用的な温度感応性雄性不稔系統の技術プランと体系の総括　(3)　臨界温度の相対的な安定、独自の温度感応性雄性不稔系統の純度保持方法と原種生産プログラムの設計　(4)　亜種間の強勢組合せ選別など技術戦略および技術措置などの提案。

　節目となった1995年には、全国の協力チームに所属する専門家たちの9年間の努力を経て、二系法ハイブリッドライス研究が成果を得た。1995年8月、中国工程院の院士に選出されたばかりの袁隆平は、湖南省懐化市で開催された「863計画」の二系法ハイブリッドライス現地会議で、我が国の「863」ハイテク研究発展計画プロジェクトである二系法ハイブリッド研究が、9年間の努力を経て、温度感応性雄性不稔系統の選抜と不稔開始温度の遺伝的浮動の抑制、低起点温度の温度感応性雄性不稔系統の繁殖および原種の純度保持と生産、さらには二系法の亜種間強勢組合せの選抜など、相次いで4つの技術的な難関を突破したことを宣言した。これにより、二系法ハイブリッドライス研究は基本的に成功を収め、生産への応用が可能になった。

　三系法を伝統的方法とするならば、二系法は中国が独自に生み出した方法だといえる。そのメリットは、1つ目は維持系統が不要で実施が容易になり、育種手順も簡略化された点にある。2つ目は優良な組合せの確率が非常に高まった点にある。その結果、二系法の応用には大きな前途が開かれた。

　二系法ハイブリッドライスの成功は、作物の育種における重要な技術的躍進だった。その結果、我が国のハイブリッドライス研究は世界の指導的地位にあり続け、我が国および世界の食糧安全保証に新たな道を提供してきた。作物の雑種強勢の利用において新領域を開拓し、我が国の油菜、コーリャン、綿花、トウモロコシ、コムギなどの作物の二系法雑種強勢利用の研究と実用化を促進した。特に三系法で雑種強勢

2003年、海南島で開催された国家「863計画」の二系法ハイブリッドライス技術研究協力チームの年次総会に出席

利用が困難な作物に、新たな方法をもたらした。当時、全国のハイブリッドライスの作付面積はおおよそ2億4千万～2億5千万ムー（1600万～約1667万ヘクタール）、二系法ハイブリッドライスは5千万～6千万ムー（約333万～400万ヘクタール）であり、一般的には同時期に収穫を迎える三系法と比べて、収量が5～10％多く、しかも米質も概ね良好だった。二系法ハイブリッドライ

スは我が国が三系法ハイブリッドライスを引き継いだ後、再び世界をリードする独創的かつ重要な科学技術の成果であり、2014年には国家科学技術進歩賞特等賞を受賞した。これは中国育種家集団の頭脳を結集した研究成果による受賞であり、その賞状には中国の育種家50名の名前が記されていた。

受賞した国家科学技術進歩特等賞の賞状

ハイブリッドライス研究の前途に、常に明るい見通しを持っていた

評価委員会の専門家は、袁隆平を次のように評価した——不屈の精神を持ち、三系法から二系法、品種間から亜種間の雑種強勢利用へと、重要な時期に困難を前にしながら動じず、三系法の組合せに尽力し、三系法による種子生産に成功した。両用核不稔系の不機能問題についても、不稔開始温度の調整により解決した。不稔開始温度に変動が生じると、育種家種子を用いた生産手順などにより予防対策を講じた。いかなる困難も、袁隆平を打ち負かすことはできなかった。

袁隆平は常に満足することを知らず、そのイノベーション活動はその後も続いた。多収量亜種間ハイブリッドライスの選抜を新たな方針として決め、育種技術を応用して様々な障害の解決を行う必要性を強調した。つまり、イネの亜種間が持つ強大な雑種強勢を調和させて経済的な大規模生産に利用することとし、雑種の結実率の低さと不安定さ、および粒の充実率不良などの問題を主要な改善目標とすることを主張したのである。また、亜種間ハイブリッドライスの組合せについて、「矮中求高、遠中求近、顕超兼顧、穂求中大、高粒葉比、以飽攻飽、爪中求質、生態適応」（倒れない高さの追求、遺伝的差異の接近、超顕性作用の発揮、中大程度の穂の追求、高粒葉比の追求、粒の高充実度品種の選択、ジャパニカの利用、生態への適応）という8項目の原則を明らかにした。この原則は全国の専門家が研究を深めるための指導指針となっている。

圃場で研究問題を話し合う袁隆平と学生

圃場で研究問題を話し合う袁隆平と学生

4. 一系法ハイブリッドライスの探求

　成功と名誉を手にしても、袁隆平は驚くほど冷静だった。ハイブリッドライス栽培に成功し盛大な祝福を受けた時でも、袁隆平はまずプラスとマイナスの二方面から分析を行い、三系法ハイブリッドライスに残る欠点を指摘した。その指摘を「3つの余裕と3つの不足」という言葉にまとめ、「最初は勢い良く、後が続かない。分蘖は余裕があるが、成穂が足りない。穂は大きいが、結実が足りない」と説明した。さらに育種と栽培の両面から組織的に取り組めば、問題を解決できると明らかにした。つまり、三系法ハイブリッドライスを高めると同時に二系法ハイブリッドライスの選抜を強化し、今後の実現可能な一系法ハイブリッドライス研究を探求するとしたのである。だが袁隆平は、個人の知力、精力そして命には限りがあると悟っていた。袁隆平自身は生きている限り全てをハイブリッドライス研究に捧げる決心をしていた。しかし、社会主義事業としてのハイブリッドライス研究がさらに発展を遂げるためには、全国の関係学科や部門の協力と、後に続く多くの優秀な人材の一致団結した奮闘が必要だと考えていた。

1996年、米国の国家稲研究センターを訪問し、温室の前でラトガー所長（中）と写真を撮る袁隆平（右）

袁隆平は一系法ハイブリッドライスの研究について、無融合生殖（アポミクシス）系を栽培してF1の雑種強勢を固定することが前途有望な道であり、重要な意義があると考えた。袁隆平は助手の黎垣慶と米国の国家稲研究センターを訪ね、探求的な活動を行った。無融合生殖とは種子の形式で繁殖を行う無性生殖方式（無性種子繁殖）であり、世代交代を可能にするが、核型は変えず、後代の遺伝結合と母体は同じである。よってこの生殖方式を通じて、第1代の雑種強勢を固定することができる。育種従事者は1つの良質の雑種第1代単株を得られると、種子繁殖を行うことができ、大規模生産の推進が可能になる。無融合生殖材料を栽培イネと野生イネからいかに発掘するか、あるいは遠縁交雑や突然変異誘発などの方法によりいかに作り出すか。さらに異系の野生植物から無融合遺伝子のクローンを作り出して、いかにイネに導入するか。これらは現代のバイオテクノロジーに問いかける新たな課題である。

袁隆平の「稲穂の陰で涼む夢」

二系法ハイブリッドライス成功後、ハイブリッドライスの超多収研究に思いを巡らす

5. スーパーハイブリッドライス研究

袁隆平は夢を見た――コーリャンよりも高く育ったイネの穂が、ほうきのように長く伸び、落花生のように大きく実っている。仕事に疲れると、仲間と一緒にその稲穂の陰で涼み、散歩を楽しむという夢である。その夢には、ハイブリッドライスにかける袁隆平の強い思いがあふれているといえるだろう。袁隆平は「多収量の夢」を常に追いかけ、「より高い収量を追い求めることが永遠のテーマ」だと語っていた。この言葉には、袁隆平の科学を探求する精神が表れているだけではなく、コメの増産は一国の食糧安全に対して重大な意義を持つという考えも込められている。

イネの超多収量品種の育種は、この30年来多くの国や研究機関の重点プロジェクトとして推進されてきた。日本は先陣を切って1981年、イネの多収量

品種の育種を始め、15年以内に収量を50％向上、つまり1ムー当たり420〜540kgを630〜810kgに向上させる計画を立てた。国際稲研究所は1989年にスーパーライス育種計画（のちに「新株型」育種計画と改称）を開始し、2000年までに潜在収量を当時の最高品種の収量より20〜25％、つまり1ムー当たり670kgから800〜830kgへ向上させる計画を立てた。1988年、袁隆平が日本へ視察に行くと、日本の研究員は超収量育種について主に穂と籾の大型化実現を目指していた。インディカ型とジャポニカ型交雑による育種の研究が行われており、品質比較試験では1ヘクタール当たりの収量が9トンのレベルに達していた。1996年に再び訪日すると、日本の研究者は依然としてこの計画実現に努力していた。また、1990年代初めに約300平方メートルの面積で、単品種の収量が1ヘクタール当たり12トン近くに達していたことを知った。国際稲研究所は1989年から「新株型」育種計画を開始した。1999年に実現を宣言したが、その栽培は小面積に留まっていた。我が国の農業部は1996年に中国スーパーライス育種計画を立てた。ハイブリッドライスの生産指標について、同一生態エリアに位置する100ムーを越えるモデル圃場2面において、2年連続の平均で1ムー当たりの収量は次の指標に達した。

第1期（1996〜2000年）　700kg/1ムー
第2期（2001〜2005年）　800kg/1ムー
第3期（2006〜2015年）　900kg/1ムー
第4期（2016〜2020年）　1000kg/1ムー

「人は成功に酔いやすいが、その成功に決して満足してはならない」。袁隆平はスーパーハイブリッドライスに挑戦する上で、この言葉を肝に銘じていた。ハイブリッドライス分野の専門家は、袁隆平が深慮遠望な戦略家として、ハイブリッドライス研究開発において未来を見据えた対応を行ってきたと評価する。例を挙げると、ハイブリッドライスの育種について、1985年にはイネの超多収量に向けた選抜育種にすでに注目しており、国際的な発展動向を注視して、スーパーハイブリッドライスの選抜目標を明らかにしていたことである。このように30年余りにわたり、袁隆平は困難を恐れず、たゆむことなく探求を続けてきた。

スーパーハイブリッドライス研究戦略と技術方針の起案を行う

水田でスーパーハイブリッドライスのモデル栽培状況を観察

　1997年、超多収量の潜在力を持つ二系法亜種間組合せ——「培矮64S/E32」が選抜された。潜在収量が大きく、二系法亜種間交雑の優れたこの組合せの株と葉の形態を観察すると、真っ直ぐな止葉と、養分を蓄えている様子が観察できる。袁隆平は詳細な分析を通じて、スーパーハイブリッドライスはソース（供給器官）の増加を重視すべきだと気づき、新たな株型モデルをひらめいた。そのモデルとは、シンク（受容器官）を拡大すると同時に、ソースの有効的な増加に重点を置くことである。つまり有効に光合成を行う面積の拡大を通じて、光エネルギーの吸収と利用を増加させ、シンクが大きいがソースは不足するという状況の発生を防ぐことである。袁隆平は、超多収量ハイブリッドライスは形態上、上部3枚の葉には長さ、細さ、表面の窪み、厚さが必要だと考えた。この重要なインスピレーションから、袁隆平はソース増加の重要性をシンク拡大の重要性と同じレベルへ引き上げた。シンクだけを重んじて一定の穂数、一穂籾数および千粒重を追求するだけでは、超多収量の実現は難しいからである。シンクを大きくするだけではなく、有効葉面積指数と光合成の効率を最大に向上させてソースを満たすことが必要であり、シンクが大きくソースが十分であることが超多収量の前提となる。

　袁隆平は中国のスーパーハイブリッドライス育種プランにおいて、光合成の効率を向上させる形態改良および亜種間の雑種強勢利用を結合させ、分子手段の総合的技術路線で補う方法を採るべきだと考えた。実践から中国のスーパーハイブリッドライス研究の選抜理

水田でスーパーハイブリッドライスのモデル栽培状況を視察

論と方法を導き出すべきだとし、その方法は次の通りとした。(1) 形態改良の方面では、キャノピー、低穂層、中大程度の穂、高度な耐倒伏性を持つ超多収量株型モデルの育成であり、上部の3枚の葉は長く、直線的で、細長く、窪みと厚みがあることが求められる。細長く直線的な葉は、葉の面積が大きいだけではなく、両面で光を受け、互いに遮断しないことが求められる。細長く窪みのある葉は、空間に占める面積は狭いが、効率的な葉面積指数がある。同時に、窪みがあることで葉をより固く直線的にして破れにくくし、やや厚めの葉は合成の効率が高く、しかも容易には枯れない。キャノピーつまり直立葉冠層は1.2メートル以上の高さとする。低穂層つまり熟した時の穂先は、地面から60〜70センチの高さにして、重心を下げることで高度な耐倒伏性を持たせる。このような形態特性のあるイネ品種だけが、葉面積指数および光合成効率を最大限に持つことができ、超収量生産のために光合成産物を提供することができる。(2) インディカとジャポニカの亜種の雑種強勢を利用し、シンクを大きくソースを十分にすることで、現在の生産に応用されている品種間のハイブリッドライスより収量を30％以上増やすことが可能になる。

スーパーハイブリッドの結実状況を水田で観察

顕微鏡でハイブリッドライス止葉の葉脈組織を観察

研究報告の中でスーパーハイブリッドライスの選抜技術を紹介

1999年、中国のスーパーハイブリッドライスを紹介する『サイエンス』の記事

第8章 挑戦と奮闘、止まらぬ探求　97

この高冠層、低穂層、中大程度の穂および多収量指数を特徴とする株型モデルの優良な株と葉形態、さらにはスーパーハイブリッドライスの研究路線は国際的に大きな反響と注目を集めた。雑誌『サイエンス』は「新たな革命を求める作物学者」と題して、世界の食物生産状況および食糧問題の解決方法に関する総合的な論説を掲載した。その中で、未来の食糧問題を解決する方法として、袁隆平が進めるスーパーハイブリッドライスおよび、国際稲研究所が進める新株型のイネと遺伝子工学による作物の光合成作用向上を挙げた。その後、専門書出版社の特集号でも中国のスーパーハイブリッドライスが紹介された。『サイエンス』に掲載された記事を目にした世界銀行は、スーパーハイブリッドライスを代表する植物株模型の写真に大きな興味を示し、袁隆平に掲載の申し出を行った。また米国のCNNからも記者が中国に派遣され、スーパーハイブリッドライスの現場取材が行われた。

1999年、雲南省永勝県涛源郷でハイブリッドライス超多収量状況を視察

スーパーハイブリッドライス育種の進展状況について研究発表を行う

　袁隆平は長年の観察、分析、思索を通じて、育種家は次のような明確な認識を持つべきだとの結論を導きだした——これまでのところ、育種を通じた作物の収量向上方策には、形態の改良と雑種強勢の利用という2つの有効な方法しかなかった。単純な形態改良では潜在力に限りがあり、雑種強勢が形態改良や形態とうまく結合しなければ、効果は必然的に劣ってしまう。その他の方法や技術として、分子育種を含むハイテクノロジーがあるが、最終的には優良形態と強力な雑種強勢を実現して用いてこそ、優れた効果を得られる。さらに作物育種のより高度な発展は、現代バイオテクノロジーの進歩にかかっている。

イネにはインディカ米とジャポニカ米の2種類の亜種があり、雑種強勢の強度は一般的に、インディカ×ジャポニカ ＞ インディカ×ジャバニカ ＞ ジャポニカ×ジャバニカ ＞ インディカ×インディカ ＞ ジャポニカ×ジャポニカ の順となる。

専門家の多くは、インディカとジャポニカを含む2種類の亜種利用による雑種強勢レベルの向上実現を目指してきた。しかしインディカとジャポニカの雑種強勢利用には、非常に難しい問題があった。主な問題は、インディカとジャポニカは異なる亜種であり、類縁関係が遠く、二者間には不親和性が現れることだった。そのためインディカとジャポニカのハイブリッドライスには受精結実の不正常が現れ、稲穂が大きく育つが結実率が一般的に30％まで低下するうえ、大部分は空の殻になってしまう。よって、強勢は強くなるが実際の収量は増加しない。袁隆平は亜種間の雑種強勢利用の鍵は、雑種第1代の低い結実率という世界的な難題にあると深く認識していた。

1982年、京都大学の池橋宏教授はインディカとジャポニカの不親和性と不親和性によって引き起こされる雑種結実率の低さの原因を明らかにし、初めて「イネの広親和現象」という仮説を発表した。中間型イネの材料とインディカやジャポニカ品種を交雑すると、第1代が全て正常に結実する現象である。これらのイネの品種（系）は広親和品種と呼ばれる。また、広親和性を持つ遺伝子は広親和性遺伝子と呼ばれ、池橋教授によりジャバニカから発見された。

研究発表の中で、袁隆平が見せたスーパーハイブリッドライスの壮観な「稲穂の滝」の写真

袁隆平は長年の育種実践をまとめ、結実率の低さの主な原因を類縁関係の遠さや、遺伝差異の大きさによってもたらされる不親和性にあると証明した。亜種間雑種第1代の低い結実率を解決する鍵は、主働的および補助的な広親和性遺伝子を併せ持つ広親和系の育成にあるとした。袁隆平は研究チームを率いてこの特別な

1980年代、日本の学者である池橋宏はイネの研究において広親和性遺伝子を発見した。広親和性遺伝子を利用し、インディカとジャポニカの亜種間ハイブリッドライスの結実率の低さという難題を克服するために、池橋教授（右から3番目）と協力する袁隆平（右から2番目）および関係者

遺伝子を採用することにより、インディカとジャポニカ亜種間のハイブリッドライスで現れる低い結実率を解決するために突破口を開き、基本的な解決をもたらした。

湖南ハイブリッドライス研究センター研究員の羅孝和はこの考え方に基づき、インディカとジャポニカの混合材料を親とし、親の片方は広親和性遺伝子を持つものを選ぶことで、インディカとジャポニカの雑種強勢の部分的な利用を実現し、広範囲に利用できる広親和不稔系統「培矮64S」を選抜した。「培矮64S」と多くのインディカやジャポニカを交雑させた後代の結実率は全て正常であり、しかも雑種強勢が強く現れた。その後、江蘇省農科院研究員の鄒江石（すうこうせき）は「培矮64S」を採用し、第1期スーパーハイブリッドライスのパイオニア的組合せである「両優培九」

2000年、スーパーハイブリッドライス新品種の穂粒を観察する

2008年、安徽省蕪湖市稲産業向上サミットフォーラムには、全国のハイブリッドライス専門家が出席し、袁隆平と討論を行った。鄒江石（左端）、謝華安（左から2人目）、昂盛福（ぼうせいふく）（右から4人目）、羅孝和（右から3人目）、顧銘洪（右から2人目）、李成荃（右端）

を選抜した。「両優培九」が世に出ると、超多収量という非常に優れた潜在力を現した。中程度の施肥量という条件下で、「両優培九」の1ムー当たりの収量は600kg以上、成熟期が同じ品種間のハイブリッドライスと比較して、1ムー当たり50〜100kgの増収を可能にした。自身の仮説が長沙市で実行され、良好な効果を残した池橋教授は長沙市を5回訪れ、インディカとジャポニカの雑種強勢利用の過程で生じる低結実率の問題を袁隆平の研究グループと共に解決した。池橋教授には、ハイブリッドライス事業に対する貢献により、2018年に袁隆平農業科技賞が授与された。

二系法の亜種間雑種の強勢利用と優良株型を結合した通常育種法は、中国の独創的なスーパーハイブリッド育種の技術路線と認められた。また実践を通じて、遺伝子的にも多収効果を持つ成熟した先進的技術方式だと証明された。この技術方式により、中国のイネ育種技術は現在もなお世界をリードしている。

農業技術分野において、日本人はイネの研究分野で多くの成功を収めてきたが、その成功が傲りを生じさせ、後から発展してきた中国の超多収イネ研究の後塵を拝した。湖南ハイブリッドライス研究センターでスーパーハイブリッドライスの視察を行った日本人研究者らは、事実を前に中国の成果を認めざるを得ず、袁隆平に敬意を表して「中国が日本の先を進んでいる。我々は中国に学ばなければならない」と称賛した。

国際稲研究所は袁隆平の株型モデルを参照し、元々計画していたモデルの大幅な修正を行った。秘密保持を行い、フィリピンは中国のスーパーハイブリッドライスの苗を試験的に栽培し、現地の同じ条件下で、通常の良質な種子よりも50％以上、国際稲研究所が新たに育成したハイブリッドライスより25％以上の増収に成功した。フィリピン大統領は試験結果を非常に重視し、フィリピンの農民に対してこの新たなハイブリッドライスの栽培を奨励した。

「培矮64S」を用いて、第1期スーパーハイブリッドライスのパイオニア的組合せ「両優培九」を選抜した江蘇省農業科学院研究員の鄒江石（右）

スーパーハイブリッドライス「両優培九」

2009年9月、全国の専門家が湖南省漵浦県に集まりハイブリッドライスのモデル栽培現場を視察した。袁隆平（右端）、中国工程院院士の顔竜安（右から2番目）と朱英国（右から3番目）

第3期スーパーハイブリッドライスは2011年、湖南省隆回県の大規模面積栽培で1ムー当たりの収量が900kgを超えた。写真は視察を行う袁隆平

第8章 挑戦と奮闘、止まらぬ探求　101

2003年、スーパーハイブリッドライスを試験的に栽培するフィリピンの農民と袁隆平

2013年4月9日、袁隆平と当時の農業部部長の韓長賦は、海南島三亜基地にあるスーパーハイブリッドライス圃場を視察し、第4期スーパーライス多収量計画の正式なスタートを宣言した

　袁隆平が主導して進めたハイブリッドライス超収量計画は、この20年間で目覚ましい成果を上げてきた。1986年には、袁隆平はイネの雑種強勢の利用方法を模索するため、ハイブリッドライスの育種を三系法、二系法および一系法に分けて研究を行う戦略を採り、よりハイレベルなハイブリッドライス技術に挑んだ。努力の結果、1995年、二系法ハイブリッド研究に成功した。2000年、農業部が定めた中国スーパーライス育種計画の第1期大面積栽培で1ムー当たり700kgの生産目標を実現した。国際稲研究所がかつて定め、世界にセンセーションを巻き起こしたスーパーライス育種計画よりも6年前倒しでの実現だった。さらに喜ばしいことに2004年、計画よりも1年前倒しで、第2期スーパーライスの1ムー当たりの収量を800kgとする生産目標も達成した。2012年、2014年は相次いで第3期の1ムー当たりの収量900kg、第4期の1ムー当たりの収量1000kgの目標をそれぞれ達成した。特にこの数年は、1ヘクタール当たりの収量が16トン、17トンの水準を相次いで突破しており、中国におけるイネの技術の研究開発は、世界を主導する地位を維持している。

　スーパーハイブリッドライスの最新研究成果を生産力へ迅速に応用するには、その間にモデル成果を示すという非常に重要なプロセスがある。農業生産への成果を展示することにより、普及を促進するためである。大規模生産の前に効果的な生産モデルを示すため、袁隆平のチームは毎年全国の多くの場所で、100ムー（約6.7ヘクタール）という狭い面積から、広い面積では1000ムーおよび1万ムーの圃場で、モデル事業を展開した。事業を通じて、現地の農業技術者と農民も各モデル圃場の栽培に直接参加し、末端生産者と緊密な連携体制の構築を実現した。実りの秋は、多収量モデル圃場がとても賑やかになる重要な時期だった。収量の測定結果が発表される度に人々は喜びに湧き、圃場は熱気に包まれた。

2014年、農業部は湖南省溆浦県の100ムーモデル圃場でスーパーハイブリッドライスの収量測定を実施した。1ムー当りの平均収量が1026.7kgに達し、同時に記者会見が行われた。写真は、当時中国稲研究所所長を務めた程式華が測定結果を発表する場面

2014年、湖南省溆浦県で第4期スーパーライスの収量測定時に、関係者とお弁当を食べる

2013年、海南省三亜市の南繁試験圃場でハイブリッドライスを視察する袁隆平と中国科学院院士の謝華安(左から2番目)、中国工程院院士の朱英国(左から3番目)などの専門家

「看禾選種、助農増収」(イネを見て種を選別し、収量を増やして農民を助ける)活動を行う種子モデル圃場を視察

スーパーハイブリッドライスモデル圃場の視察を案内する

株の背丈を高くする試みと亜種間の強い雑種強勢の利用を通じ、高度な耐倒伏性を持つ超多収量の組合せ技術の育成を明らかにした

2009年、雲南省でスーパーハイブリッドライスの栽培状況を視察

2017年、海南省三亜市南繁試験圃場でスーパーハイブリッドライスを視察する袁隆平と中国科学院院士の李家洋（左から2人目）、中国工程院院士の劉旭（右から2人目）、湖南農科院研究員の柏連陽（右端）

2016年、第5期スーパーハイブリッドライスは大面積栽培で1ヘクタール当たりの収量が16トンに達した。雲南省箇旧市で生育状況を視察する袁隆平（右から2人目）

　しかし、「満足することを知らない性格」の袁隆平は、得意になる素振りも見せなかった。それどころか、スーパーハイブリッドライスの研究開発の推進に伴い、チームを率いて技術を高め続けた。さらにイネ株の背を高くし、亜種間の旺盛な雑種強勢を利用することで、高度な耐倒伏性を持つ新型の超収量組合せ育成の実施構想を明らかにした。また、スーパーハイブリッドライス新品種と超多収栽培および生態環境の組合せ技術の総合的な検討を行い、良種、良法、良田、良態の4つの「良」を組み合わせた方法を提起した。この方法により、雲南省の箇旧市大屯鎮にある100ムーモデル圃場で、2015年、2016年、2017年と3年連続で1ムー当りの平均収量が1067kg（1ヘクタール当り16トン）を越えた。特に2018年にはモデル圃場において、1ムー当たりの収量は1152.3kg（1ヘクタール当たり17.28トン）に達し、1ヘクタール当たりの収量17トン（1ムー当り1134kg）という目標達成に成功した。同時に、多収量圃場での1ムー当たりの収量は1209.5kgと、世界記録を打ち立てた。

　袁隆平は雲南省の成果を非常に高く評価し、とても喜んだという。その気持ちは、袁隆平の雲南省に対する特別な感情から湧き上がったものだった。抗日

戦争時に、弟の袁隆徳と袁隆湘は昆明市の学校に通い、1970年代には袁隆平自身も、雲南省で種子資源を採取して育種を行い、1980年代にも再び雲南省箇旧市でイネの栽培状況の視察を行うなど、雲南省と縁があったためである。さらに、雲南省に院士活動拠点を設立し、雲南省で発展した特色ある高原農業を高く評価して「雲南省は雲貴高原に位置し、緯度が低く、海抜は高い。また日光も十分にあり、昼夜の温度差も大きく、イネの生産にはこの上なく恵まれた気候条件を備え、イネの品種の潜在力を見極める上で、非常に適した場所である。東南アジア諸国連合（ASEAN）のハイブリッドライス推進拠点として推進することができる」と語った。2009年、ハイブリッドライスプロジェクトは箇旧市大屯鎮に、多収量モデル拠点を設立した。当時の1ムー当たりの収量は916.44kgであり、全国1位を記録した。

2018年、雲南省箇旧市大屯鎮で開催された科技部重点研究開発計画「イネの雑種強勢利用技術および顕著な強勢を持つハイブリッド種子創造」プロジェクト現場品評会において、専門家により収量の測定実施が行われた。写真の左から順に収量測定の専門家で中国工程院院士の張洪程、モデル圃場指導顧問の凌啓鴻教授、収量測定の専門家グループ責任者で中国科学院院士の謝華安、収量測定の専門家で中国工程院院士の羅錫文と朱有勇、収量測定の専門家銭前研究員

第3代ハイブリッドライス「三優一号」

2004年、懐化ハイブリッドライスおよび世界食糧安全フォーラムで「懐化宣言」を発表

袁隆平は常に「私は満足を知らない性格だ」と語っていた。スーパーハイブリッドライスの目標を達成し続けたことこそ、袁隆平のこの性格を物語ってい

るといえよう。イネの多収量を求め続けることに、袁隆平は探索する興味深さや、さらには喜びを感じていた。袁隆平の最大の願いは「ハイブリッドライスを発展させ、世界中の人々を幸せにする」ことであり、ハイブリッドライスが世界的な食糧問題解決のために、その役割を果たせることを願っていた。

袁隆平は高度な戦略的観点から、ハイブリッドライスの発展戦略を再び提起した。ハイブリッドライス技術は、細胞質雄性不稔系統を遺伝手段とする三系法の第1代ハイブリッドライスおよび温度感応性雄性不稔系統を遺伝手段とする二系法の第2代ハイブリッドライスから、遺伝子工学的手段を用いた雄性不稔系統を遺伝手段とする第3代ハイブリッドライスへと次第に変わっていくと考えたからである。第3代ハイブリッドライスは三系法不稔系統の安定性と二系法不稔系統の組合せの自由さというメリットを兼ね備えているだけではない。同時に三系法不稔系統の組合せの制限や、二系法不稔系統が持つ種子生産の難しさや収量の低さなどのデメリットの克服がなされている。遺伝子工学を用いた雄性不稔系統の稲穂には、有色の種子と無色の種子が半分ずつできる。無色の種子は非遺伝子組み替えで雄性不稔性であり、種子生産に用いることができ、できあがるハイブリッドライスの種子も非遺伝子組み替えである。有色の種子は遺伝子組み替えであり、栽培可能で、繁殖に用いることができる。また、自殖した後代の稲穂であり、有色と無色の種子が半分ずつ実る。色彩識別機を用いれば二者を簡単に分けることができ、種子生産および繁殖は非常に容易に行える。第3代ハイブリッドライスの大規模栽培を推進すれば、我が国の食糧安全に大きな役割を果たすと見込まれている。

袁隆平は数年にわたり専門集団を指揮して、第3代ハイブリッドライス技術の研究開発に成功し、強勢を強く示す先進的な組合せ「三優一号」を選抜した。2019年、湖南省では晩稲単作試験栽培で初めて頭角を現し、強い分蘖力、太くて高い耐倒伏性を持つ茎、大きな穂に密集して実る粒、高い結実率を特徴とした。特に衡南県のモデル拠点では、専門家の収量調査による1ムー当たりの平均収量で1046.3kgを記録した。2020年、袁隆平は「1500kgプロジ

2019年10月22日、第3代ハイブリッドライス「三優一号」の収量測定現場を視察する専門家チーム——中国工程院院士の万建民（右から3番目）、中国科学院院士の謝華安（右から2番目）、中国稲研究所副所長、研究員の銭前（右端）

ェクト」の構想を明らかにし、第3代ハイブリッドライスを重点に、二期作のイネの1ムー当たりの収量で1500kgを目指すことを目標に掲げた。そのうち、衡南県モデル拠点での二期作稲栽培は再び素晴らしい成績を収めた。「三優一号」は二期作晩稲として1ムー当たりの穎花数が5000万以上あり、長期の低温や長雨に遭ったが、最終収穫調査により1ムー当たりの収量は911.7kgを記録した。さらに早稲でも1ムー当りの収量が619.06kgと、1年間の1ムー当たりの籾の収量は1500kgを突破して1530.76kgに達し、二期作稲区で大きく記録を更新した。2021年、袁隆平はこのプロジェクトを7つの省にある20の実施地点へ拡大させた。5月9日、海南省三亜市からの最新ニュースによると、海棠湾に位置する国家稲公園のモデル拠点で栽培され、成長速度に非常に優れたスーパーハイブリッドライス「超優千号」は、収穫調査により1ムー当たりの収量は平均で1004.83kgに達し、1年を通じて二期作の収量は1500kgと見込まれた。袁隆平は病床でこれらのニュースを聞き、手をたたいて称賛し、この快挙は中国共産党創立100周年を祝う最初の贈り物だと言った。

2020年11月2日、湖南省衡南県において、二期作で1年間の1ムー当たりの収量で1530.76kg達成というモデル成果をオンライン会議で祝った。袁隆平は非常に喜び"I'm excited. More than excited."と英語でコメントした

　袁隆平は第4代ハイブリッドライスについて、現在研究中のC4ハイブリッドライスになると予想した。C4型のトウモロコシ、サツマイモなどの作物の理論上の光合成効率は、C3型のイネ、コムギと比べて、30～50％高い。国際稲研究所前所長のロバート・ジーグラーは2007年に、C4型イネは今後10年から15年以内に研究に成功すると予想し、高い光効率を持ち、強勢の顕著なC4型ハイブリッドは、イネの潜在収量をさらに向上できるとの考えを明かした。国外の専門家によると、C4型イネは第2次緑の革命になると見込まれている。しかし袁隆平は、第3次革命になるとの見解を示した。第1次緑の革命は、イネの長稈を短稈あるいは半短稈に変え、形態改良を通じた収穫指数の向上であり、第2次緑の革命は雑種強勢を利用したハイブリッドライスの育成だと考えていたからである。

三男の袁定陽を指導しながら、C4型ハイブリッドライスの研究を行う袁隆平

2020年10月20日、2021年イネ超収量活動会議を開き、「1500kgプロジェクト」を指示する袁隆平

　第5代ハイブリッドライスは無融合生殖であり、イネの雑種強勢を固定し、ハイブリッドライス発展の最高段階である。無融合生殖（アポミクシス）は受精作用を経ず種子を生産する生殖方法の1つであり、2倍体の無融合生殖が世代更新をさせるが遺伝子型は変えず、後代の遺伝結合も母体と同じである。よって、雑種強勢を固定でき、不分離のハイブリッドが育成できる。優れたハイブリッド単株が得られると、それを基に種子の繁殖が可能になり、迅速に大面積生産への応用ができる。しかし、絶対的アポミクシスのハイブリッド育成の難易度は非常に高い。2019年、世界的に有名な学術誌『ネイチャー』に、中国の青年科学者であり、中国稲研究所研究員である王克剣が無融合生殖に焦点を当て、最前線領域で研究を展開し、大きな成果を挙げた記事が掲載された。王克剣は研究チームと共に遺伝子編集技術を利用して、ハイブリッドライスで無融合生殖体系を構築し、初めてハイブリッドライスに無融合生殖の性状を持たせることに成功した。袁隆平はこの進展について、ハイブリッドライスのヘテロ接合遺伝子型の固定を可能にすると考えた。分子育種技術の進展に伴い、21世紀中期には成功が見込まれている。

　科学技術の進歩は永遠に止まらない。袁隆平は長らく単位面積でのイネの収量の潜在力発掘に尽力し、イネの収量を極めて高い水準まで向上させてきた。近年では新たな道を開拓し、耐塩性のイネ（俗称「海水イネ」）の研究開発に

力を入れ、アルカリ性の土地で食糧生産の向上を見込んだ。イネの雑種強勢利用の中で、「蔵糧于地、蔵糧于技」（土壌の品質を保証し、科学技術の進歩により食糧増産を促進する）を実現する新たな手段を探し、雑種強勢と耐塩性遺伝子を利用する技術戦略を明らかにした。具体的には、3年から5年の間に塩分濃度0.6％に耐える耐塩性を持ち、さらに1ムー当たり300kg以上を生産できる有望なイネの品種を育成する計画である。この計画は、我が国の広大なアルカリ性の土壌や沿海および干潟を開発し、さらに食糧安全を確保するために、非常に重要な意義を持っている。

2021年の旧正月、「1500kgプロジェクト」モデルをさらに拡大したいという新年の目標を明らかにする袁隆平。前列右は湖南ハイブリッドライス研究センター主任の斉紹武、後列右は湖南ハイブリッドライス研究センター党書記張徳咏

2019年、無融合生殖研究を通じたハイブリッドライス組合せ遺伝子型の固定実現について、中国稲研究所研究員の王克剣と意見を交わす

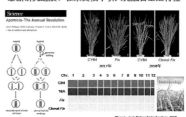

王克剣は遺伝子編集技術により、ハイブリッドライスに無核融合生殖の特性を組み込み、ハイブリッドライスからクローン種子を生産させた。そのクローン株の遺伝子型は上の代と完全に一致する

イネは依然として、増産を可能にする巨大な潜在力を秘めている。袁隆平は科学技術の進歩と人々の共同の努力を通じ、中国人は自身で食糧問題を解決できるだけではなく、他の発展途上国が抱える食糧不足問題の解決にも貢献ができると、固く信じ続けていた。

袁隆平は近年、雑種強勢を利用した耐塩性を持つイネの技術研究を強化していた。2019年8月15日、その他の専門家とともに国家耐塩性イネ技術イノベーションセンターの建設について協議を行った

2020年、海南省三亜市で耐塩性のあるイネの状況を視察

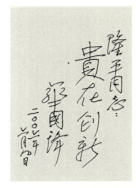

2006年6月9日、華国鋒が袁隆平のために書いて贈った「貴在創新」(イノベーションを起こす袁先生) の文字

6. 学問としての蓄積と発展

　袁隆平は科学研究において、理論と実践を完璧に結合させたと評価され、育種専門家であるだけではなく、育種学者と呼ばれるのにふさわしい人物である。ハイブリッドライスの研究開発過程における発展や重要なイノベーションには全て、袁隆平が重要な役割を果たしてきた。いずれにも袁隆平の非凡な経験や、智恵および学術的な思想が現れている。

　発展段階ごとにあふれる袁隆平の学術的思想を通じて、ハイブリッドライス学発展の道程を知ることができる。

(1) 1961年、安江農業学校実習農場の早稲の圃場で、生育が極めて優れた特異なイネを発見。2年目に子の代の分離および退化現象に基づき、このイネを天然のハイブリッドライスと認定。これにより、人工的にハイブリッドライス研究を行う構想が生まれ、研究の向かうべき方向性が確定された。この選択はメンデル-モーガンの遺伝学理論を根拠に行われた。

(2) 1966年、『科学通報』に「イネの雄性不稔性」を発表。我が国初のハイブリッドライスに関する論文となる。

(3) 1977年、『中国農業科学』に自身の経験をまとめた「ハイブリッドライス栽培の実践と理論」を発表。雄性不稔性と三系法関係について説明されているが、イネに雑種強勢が存在するとの考えについても踏み込んだ説明があり、生物界のこの普遍的な法則に対する理解をさらに深めた本である。
(4) 1987年、論文「ハイブリッドライス育種戦略の構想」を発表し、ハイブリッドライスの育種を三系法から二系法、さらには一系法とすること、品種間から亜種間、さらには遠縁の雑種強勢の利用という三段階の発展戦略構想を明らかにした。ハイブリッドライス研究は、まさにこの方向に沿って発展してきたといえる。
(5) 1988年、『ハイブリッドライス育種栽培学』を出版。三系法ハイブリッドライス理論、技術、経験および問題をまとめて意見を述べ、ハイブリッドライス分野の基礎となる書籍。2002年に出版した『ハイブリッドライス学』は前者よりもさらに高度な内容にまとめられた本である。
(6) 1995年、袁隆平主編、国際連合食糧農業機関（FAO）出版の『ハイブリッドライス生産技術』。国際的なハイブリッドライス研究分野の最初の専門書であり、のちにスペイン語版も出版。
(7) 1997年、論文「ハイブリッドライス超多収育種」を発表。光合成効率を向上させる超多収ハイブリッド形態モデルおよび選抜技術路線を発表し、スーパーハイブリッドライス理論および選抜技術路線について説明を行った。袁隆平のハイブリッドライス分野に対する高い科学的予見能力が明らかにされた。

1996年に第1編となる論文「イネの雄性不稔性」を発表して以来、袁隆平は科学研究の実践において、経験をまとめ理論を発展させ続け、作物遺伝育種の理論と技術をより充実させるとともに進化させてきた。相次いで発表した論文は70編を超え、専門書8冊を出版した。その中で『ハイブリッドライス育種栽培学』と『ハイブリッドライス学』はそれぞれ優秀科技図書1等賞および国家図書賞を受賞。2020年出版の『スーパーハイブリッドライス育種栽培学』は第5回中国出版政府賞図書賞を受賞。国際連合食糧農業機関出版の『ハイブリッドライス生産技術』は40カ国余りで発行され、全世界でハイブリッドライス研究および生産の指導用の書籍となっている。袁隆平はハイブリッドライス理論と応用技術体系を確立し、農学と遺伝学を「交雑」して系統的な新しい学問——ハイブリッドライス学を作り出したのである。

　ハイブリッドライス学の科学体系は、ハイブリッドライス事業の発展を導い

ただけではなく、そのほかの作物を含んだ植物科学、農業生物技術の応用などの分野に対しても、大きな影響を与えた。

編集されたハイブリッドライス専門書などの出版物

主編された『スーパーハイブリッドライス育種栽培学』

1997年～2003年　全国ハイブリッドライス栽培面積および生産状況統計表

年	面積（億ムー）	全国の耕地面積に占める割合（％）	収量（kg／ムー）
1977	0.31	5.82	359
1978	0.64	12.40	357
1979	0.75	14.76	351
1980	0.72	14.21	353
1981	0.77	17.15	355
1982	0.76	16.93	391
1983	1.01	20.32	425
1984	1.33	26.76	427
1985	1.26	26.19	432
1986	1.34	27.68	440
1987	1.64	33.82	441
1988	1.90	39.58	440
1989	1.95	39.79	441
1990	2.39	48.18	445
1991	2.64	53.99	438
1992	2.32	50.86	442
1993	2.31	51.33	445
1994	2.32	51.29	445
1995	2.45	53.07	454
1996	2.52	53.53	461
1997	2.60	54.54	468
1998	2.49	53.24	470
1999	2.53	53.29	466
2000	2.32	51.53	453
2001	2.36	54.51	460
2002	2.39	56.52	465
2003	2.37	59.69	438

注：本表のデータは前農業部農業技術推進センターの統計データに基づく

第9章

世界に比肩し、広まる名声

1.「ハイブリッドライスの父」

　1979年4月、袁隆平はフィリピンの首都マニラに招かれ、国際稲学術学会に出席した。この会議には20カ国余りの国から200名を超える科学者が参加した。中国からは4名のイネの専門家が出席し、会場では「中国のハイブリッドライス育種」論文が発表された。これが中国のハイブリッドライス研究の成果が、国際社会へ向けて初めて公に発表された機会となった。論文では中国が行ってきたハイブリッドライス研究の歴史、三系法によるイネの雑種強勢を利用した収量向上の進展と成果、およびハイブリッドライスの顕著な雑種強勢について述べられた。また中国独自の効果的な種子生産技術を紹介し、最後にハイブリッドライスの今後の発展を展望した。論文の発表が終わると、出席者の大きな興味を引いた。あるインドの専門家からは「中国のハイブリッドライスの種子生産では異型交配率が高いが、どのような手段を通じて達成したのか」と質問があった。袁隆平は「第1に、葉を間引いて伝粉の妨げになるものを取り除く。第2に人工的に授粉の補助、つまり『趕粉（カンフェン）』をする」と応えた。続いて、オーストラリアの専門家が「『趕粉』（英語ではSupplementary Pollination）とは何か」と質問すると、袁隆平は「私たちが採用する人力によるやり方で、不稔系統と回復系統を交互に植えて栽培した後、花粉が飛散する時期の晴れた日の正午頃に、竹竿あるいは両側から長縄を引いて、父本（回復系統）の稲穂を揺らし、父本のおしべの花粉を飛ばすことである。この作業を通じ、花粉を不稔系統の開花した柱頭の上に落として受精を促進でき、より多くの雑種第1代の種子を得られる。私たちはこれを『趕粉』という」。参加者は皆うなずき、袁隆平の明確な回答に非常に満足した。中国が苦労の末に得たハイブリッドライスの成果は、大会の代表者たちの非常に大きな関心を引いた。この会議において各国の専門家は、中国のハイブリッドライスの研究および応用の推進は、すでに世界をリードする立場にあると認めた。

1979年4月、国際稲研究所の所在地であるフィリピンのマニラで開催された国際イネ学術会議に出席し、科学者からの質問に答える

1982年、袁隆平たち中国の学者と国際稲研究所のスワミナサン所長（左から3番目）

1981年、国際稲研究所を訪問し、中国駐フィリピン大使館員および中国の学者と共に写真に写る

国際稲研究所の専門家に中国のハイブリッドライスを紹介する

国際稲研究所から派遣された外国人農業専門家にハイブリッドライスの強勢を紹介する

1980年代、国際稲研究所で共同研究を行う

第9章　世界に比肩し、広まる名声　115

1980年代、国際稲研究所と共同研究を行い、科学者たちと討論を行う

　三系法ハイブリッド研究および応用の成功は、世界の稲作研究関係者に袁隆平の活躍を知らしめ、ハイブリッドライスは「オリエンタルミラクルライス」と呼ばれた。国際的にはハイブリッドライスを中国の5番目の大発明と評価する者や、第2次緑の革命だと称賛する者もいた。1982年の秋、国際稲研究所の国際稲学術報告会において、当時の国際稲研究所の所長であり、インド農業部前部長のスワミナサン博士が袁隆平を壇上へ丁重に招くと、投影機によりスクリーン上に袁隆平の大きな写真と1行の英語字幕——"Yuan Long ping : Father of Hybrid Rice"(「ハイブリッドライスの父、袁隆平」)と映し出され、会場に拍手が鳴り響いた。世界各国から集まった専門家や学者が一斉に立ち上がり、袁隆平に拍手を送り敬意を表した。スワミナサン博士は「袁隆平博士を『ハイブリッドライスの父』と呼ぶのは、その成功が中国だけではなく世界の誇りであるからだ。袁博士の成功は人類に幸福をもたらした」と言った。2日目には、フィリピンの大手新聞の一面にハイブリッドライスの創始者——「ハイブリッドライスの父」との大きな見出しで報道され、袁隆平の写真も掲載された。これ以降、袁隆平は「ハイブリッドライスの父」としてその名が世界に広まっていった。

国際稲研究所で共同研究に従事し、試験圃場で作業を行う

国際稲研究所で共同研究に従事し、机に向かう

1982年、国際稲研究所を訪れ、ハイブリッドライスの技術交流を行う

1982年、国際稲研究所の学術報告会で袁隆平を「ハイブリッドライスの父」と呼んだスワミナサン所長

国際稲研究所で共同研究に従事し、試験圃場でハイブリッドライスを観察

国際稲研究所で共同研究を行い、朝鮮のイネの専門家である李乙炳と交流

　1970年代から、袁隆平は国際稲研究所の科学者とともに、ハイブリッドライスの共同研究を行っており、中国の湖南省とフィリピンのマニラ市間の往来は30回を越えた。中国のハイブリッドライスの育種技術の成功体験をフィリピン側に教授し、さらに技術資料も惜しみなく提供した。過去に国際稲研究所の要望に応じ、ハイブリッドライスの技術ハンドブックを編纂したことがあり、資料の重要性を熟知していたからである。1985年9月、中国語と英語対訳の『ハイブリッドライス基礎課程』も湖南科学技術出版社から出版された。今でもこの本は、国内外ハイブリッドライス技術の伝統的な教材であり「バイブル」ともいえる。

1984年、共同編集のハイブリッドライス技術ハンドブックに関して、国際稲研究所宛に袁隆平が書いた手紙

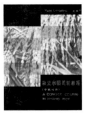

1985年に出版された中国語と英語対照の『ハイブリッドライス基礎課程』

中国のハイブリッドライスの成功により、国際稲研究所も大きく触発された。1979年10月、国際稲研究所と中国はハイブリッドライスの共同研究に関して協定を結び、その主な目的を熱帯と亜熱帯地域の多収量、多耐性のあるハイブリッドライスの選抜とした。しかし研究には、次のような新たな問題が浮かび上がった。1点目は、中国の不稔系統および現有の組合せがそのままでは熱帯地域の国で使えなかったことである。2点目は、育成中の国際イネ系統の不稔系統のいくつかは、組合せ力が大幅に劣り、それらを用いたほとんどの組合せで強勢がないか、あっても強勢が顕著ではなかったことである。さらに、組合せ力が特別に良い母本は保持力が低く、不稔系統の育成への転用は困難だった。3点目に、種子生産技術が確立されていなかったことである。そのため、袁隆平は1980年代には毎年1～3回、国際稲研究所へ赴き共同研究を行った。これにより、国際稲研究所は数年間中断していたハイブリッドライスの研究を再開することができた。

　国際稲研究所を通じ、多くの国が中国により育成された貴重なハイブリッドライスの種子資源を手に入れた。国際稲研究所および協力関係にある多くの国は、この材料を用いて優れた不稔系統および多収量の交雑の組合せを多数育成し、最終的には生産へ応用され、大きな効果が得られた。

1985年、袁隆平と国際稲研究所の科学者たち

1986年、袁隆平から国際稲研究所のスワミナサン所長に宛てた手紙。エジプトで開催されたイネ栽培体系新方向国際学術シンポジウムへの招待に感謝を伝える

国際稲研究所に由来するイネ資源の利用状況を視察する袁隆平と訪中した国際稲研究所の専門家

2000年、国際稲研究所成立40周年にあたり、訪問して祝福の額を送る

2001年、国際稲研究所を訪問し学術交流を行う

2. 第1回ハイブリッドライス国際学術シンポジウム

　1986年10月、国際稲研究所、湖南省科協および湖南ハイブリッドライス研究センターは合同で、第1回ハイブリッドライス国際学術シンポジウムを長沙市で開催した。国内24の省、自治区、直轄市の専門学者および日本、米国、フィリピン、ペルー、ブラジル、エジプト、インド、インドネシア、イラン、英国、イタリア、メキシコ、スリランカ、タイ、マレーシア、バングラデシュ、オランダ、ガーナなど20を越える国の代表者総勢260名が出席し、空前の盛況ぶりを見せた。

1986年10月、第1回ハイブリッドライス国際学術シンポジウムに参加するため、湖南省の長沙駅に到着した国際稲研究所の貴賓と出迎えた袁隆平（左から6番目）

1986年10月、第1回ハイブリッドライス国際学術シンポジウム参加者一同の記念写真

大会が開催された当時、ハイブリッドライスはその顕著な強勢および旺盛な生命力で中国各地へ早いペースで普及され、その勢いは次に世界へと向かった。大会ではイネの雑種強勢、雄性不稔性、育種手順、耐病虫性、米質、栽培、生理生物化学、遺伝、種子生産およびハイブリッドライスの経済的効果などのテーマについて討論が行われた。その結果、本大会はハイブリッドライスが世界に向けて発信され、人類の平和と幸福事業を促進する学術経験交流会となった。

スワミナサン博士は開会式の挨拶で「発展途上国は耕地が減少し続け、その一方で人口は増え続けている。唯一の方法は食糧の単位面積当たりの収量を向上させることであり、中国はハイブリッドライスの方面で成功を収め、この問題に模範を示した」と述べた。さらに記者会見では「長沙市は世界でも有名だが、その知

1986年10月、湖南省長沙市で開催された第1回ハイブリッドライス国際学術シンポジウムで「ハイブリッドライスの研究および発展の現状」と題して発表を行う

名度の高さは湖南省農業科学院と湖南ハイブリッドライス研究センターが長沙市にあることに大きく由来する。イネは自家受粉の作物であり、以前は雑種強勢があると認識されていなかった。中国はこの研究を取り上げ、世界の食糧問題解決に寄与した。国際的にはイネの長稈から短稈への変化が第1次緑の革命であり、ハイブリッドライスの育成は第2次緑の革命だともいえる。中国のハイブリッドライスの成功は、科学研究と生産を結合させた点にある」と続けた。スワミナサン博士はまた、「野敗」の発見はハイブリッドライス研究の重要な転換点となり、種子生産研究は大規模生産への道を開いたと評価し、さらにユーモアたっぷりに、我々はこの方法を学ぶために長沙市へやって来たとも語った。

1986年10月、第1回ハイブリッドライス国際学術シンポジウムにおいて、国際稲研究所から湖南ハイブリッドライス研究センターへ記念額が贈られた

国際稲研究所は湖南ハイブリッドライス研究センターに対して、中国語と英語の文字が刻まれた記念額を贈った。その全文は次の通りである。

湖南ハイブリッドライス研究センター：
　湖南ハイブリッドライス研究センターの第1回ハイブリッドライス国際学術シンポジウム開催にあたり、国際稲研究所は心からお祝い申しあげます。歴史的意義深い長沙市は、この学術会議を開くのにまさにふさわしい場所です。この地で、袁隆平教授およびそのほかの中国科学者の卓越した研究、さらには関係者の献身的な活動により、ハイブリッドライスの生産応用化が実現されました。湖南ハイブリッドライス研究センターがハイブリッドライス研究および国際的なトレーニングセンターへと発展することを心から望んでいます。

国際稲研究所所長
モンコンブ・サンバシバン・スワミナサン
1986年10月8日

　スワミナサン博士は額の贈呈時に「湖南ハイブリッドライス研究センターが湖南省および中国のハイブリッドライス研究の中心となるだけではなく、全世界のハイブリッドライス研究の中心になると信じている。国際稲研究所は貴センターとの協力を非常に重視し、協力関係の強化を望む」と話した。
　さらに別れ際には「この地を離れるが、私の心は常に長沙市にある」と気持ちを伝えた。
　国際連合食糧農業機関の駐中国の官僚であり、国際稲研究所上級研究者のフェルマーニ博士もまた、湖南省政府、長沙市政府および湖南省の人々の会議に対する支援に心からの感謝を表し、「中国の古い言葉に『上に天国あり、下に蘇州と杭州あり』という言葉がある。イネの科学研究に従事する立場から言えば、これは『上に天国あり、下に長沙あり』だ。なぜならば、ハイブリッドライスセンターは長沙市にあり、各国のハイブリッドライス研究者にとって長沙市はまさに『メッカ』だからだ」と言った。インド国籍で国際稲研

1986年10月、第1回ハイブリッドライス国際学術シンポジウム期間中の袁隆平、陳洪新およびスワミナサン博士

究所の主席育種専門家、遺伝育種および生物化学系主任で、袁隆平の古くからの友人でもある著名なクッシュ博士も「私は何度も長沙市に来たことがある。袁教授たちの科学研究の進展は素晴らしく、内容も豊富である」と称賛した。国外の多くの代表者が、中国が得たハイブリッドライス研究の成果に対して、非常に大きな関心を寄せた。

2004年、交流する袁隆平とスワミナサン博士（左）、元中国農業部部長の何康（中）

3. 国際交流と協力

ハイブリッドライスの研究で成功を収めた中国は世界中の注目を集め、国際的なイネの研究分野へ非常に大きな影響を与えた。スワミナサン博士は米国の『タイム』誌の「今世紀最も影響力のあったアジアの20人」に選ばれ、1987年に第1回の世界食糧賞を受賞した人物である。人格者であるスワミナサン博士は国際稲研究所の前所長として20年の時を経ても、袁隆平に対して称賛の言葉を惜しまなかった。袁隆平の80歳を祝う手紙の中でも「過去40年において、袁博士は未知なる世界が続く探求の道で、ハイブリッドライスの研究に心血を注ぎ、イネの雑種強勢利用という奇跡を成し遂げた。袁博士は不可能を可能にした」と称賛を伝えている。

1987年、広州で記念撮影をする袁隆平とクッシュ博士（中央）、楊仁崔

1985年、クッシュ博士など国際稲研究所の科学者とハイブリッドライスの技術交流を行う

クッシュ博士はインド国立科学アカデミー会員、世界科学アカデミー会員、米国科学アカデミー外国人会員、英国王立協会外国人会員であり、米国農学会賞、日本国際賞、ウルフ農業賞、世界食糧賞など多くの国際的な学術賞を受賞した人物である。中国のイネ科学者と長期にわたり協力し、中国科学院の外国籍の院士でもあり、2000年度中国政府友誼賞および2001年度中国政府国際科学技術協力賞などを受賞した。2018年9月12日、クッシュ博士は中国訪問時、高速鉄道に乗り長沙市へ袁隆平をはるばると訪ねた。袁隆平のスーパーハイブリッドライスの試験圃場を視察し、高揚した様子で「スーパーハイブリッドライスは整列して来客を待つ儀仗隊のようだ」と称賛した。袁隆平の90歳の誕生日前夜にクッシュ博士は、袁隆平との交流の思い出をしたためた手紙を送った——「私たちは45年前、国際稲研究所で初めて出会った。1960年代から1970年代にかけて、イネ科学者の多くがハイブリッドライスに対して懐疑的な態度をとった。しかし袁博士は実際の行動でハイ

2001年、湖南ハイブリッドライス研究センターを訪れたクッシュ博士と交流

2004年、イスラエルのウルフ賞農業部門賞の授賞式の際に、クッシュ博士と交流

2004年、米国の世界食糧賞受賞式でクッシュ博士と交流

ブリッドライスの持つ重要な意義を証明した。不屈の努力により、初となるイネ細胞質不稔系統および維持系統の発見を通じて、ハイブリッドライスの品種を生み出した。その後の研究については、私たちもよく知ることころだ。世界中にあるイネ研究機関ではハイブリッドライスを運用しており、これは成功の証である。ハイブリッドライスは中国および世界の稲作生産に大きく寄与した」。クッシュ博士はさらに手紙の中で、袁隆平とハイブリッドライス研究に従事する若い科学者育成の重要性についても意見を交わし、国際稲研究所の若い研修員を激励するために、袁隆平に講演を頼んだことなども懐かしんだ。

2018年9月12日、クッシュ博士とともに、湖南ハイブリッドライス研究センターで試験栽培するスーパーハイブリッドライスを視察

1993年、袁隆平は米国のブラウン大学へ行き、ファインスタイン財団の世界飢餓救済賞の授賞式に臨んだ。現地の新聞は、世界飢餓救援賞の推薦人である米国国家稲研究センターのラトガー所長のコメント「袁隆平教授の成功はノーベル賞に値する」を掲載した

　1990年代、袁隆平と助手の黎垣慶は米国の国家稲研究センターで、無融合生殖の共同研究を行うとともにラトガー所長と友情を深めた。1993年、袁隆平は米国ファインスタイン財団の世界飢餓救済賞を受賞したが、ラトガー所長は受賞推薦人の1人だった。ブラウン大学での授賞式では、ブラウン大学の学長によりラトガー氏の祝福スピーチの影像が流された。ラトガー所長はスピーチの中で「袁博士の業績ならば、ノーベル賞の受賞も可能だ」と語った。1996年、袁隆平は再びセンターを訪れた。ラトガー所長はその時にも、袁隆平が研究に成功したハイブリッドライスは、世界の食糧問題のために迅速かつ効果的な解決方法を作り出しており、ノーベル賞に値すると意見を述べた。

　イネの無融合生殖研究の交流と協力を推進するため、湖南ハイブリッドライス研究センターは1992年、長沙市でイネ無融合生殖国際学術シンポジウムを開催した。シンポジウムでは、無融合生殖の特性を持つ稲材料の遺伝学および胚胎学分野などにおける研究の初歩的な結果、さらには異系の無融合生殖の遺伝子をイネに組み込む試行的研究状況について重点的に討論を行った。会議ではイネのこの方面における研究は始まったばかりであり、まだ模索段階にあると見なされた。さらに会議において、発掘された無融合生殖稲資源に対して、より踏み込んだ研究と改造を行う必要があり、そのためには分子生物技術を用いる必要があるとの意見がまとめられた。

4.　雑誌『サイエンス』に紹介された　　スーパーハイブリッドライス選抜理論

　1980年代後期以降、世界の国や国際農業研究機構では、イネの超多収を育種研究の探索的目標とした。1997年、袁隆平は「ハイブリッドライス超多収

育種」の論文を雑誌『ハイブリッドライス』の1997年第6期に発表した。

この論文は国際的に科学分野で権威のある雑誌『サイエンス』の注意を引き、第283巻第5400号（1999年1月出版）の第313ページに、袁隆平の論文を紹介する記事が掲載された。中国のスーパーハイブリッドライスの写真を掲載し、ハイブリッドライス超多収育種の設計理念、袁隆平の構想するイネ株型形態について

1996年、米国の国家稲研究センターの研究員と無融合生殖の共同研究問題について討論を行う

紹介し、「袁隆平教授は現在、新たな革命を追い求めている」と評価された。『サイエンス』はさらに、この成功はイネの育種史上非常に重要な進歩であり、現在の世界食糧の安全に大きく寄与するとの考えを明らかにした。

のちに、『サイエンス』はスーパーハイブリッドライスの研究を非常に重視し、研究状況を複数回掲載した。2008年、世界的な食糧危機が世界を襲い、食糧不足を危惧する声が世界中であがった。その時にも『サイエンス』は、ハイブリッドライスの利用が食糧増産の手段になるとの考えを明らかにした。

1992年、フィリピンで開催された第2回国際ハイブリッドライスシンポジウムに参加

1996年、インドで開催された第3回国際ハイブリッドライスシンポジウムに参加

2002年、ベトナムで開催された第4回国際ハイブリッドライスシンポジウムで発表

1983年、来訪した米国の農業専門家にハイブリッドライスを紹介（左から2番目）

2008年、長沙市で開催された第5回国際ハイブリッドライスシンポジウムで発表

1998年、エジプトで国際連合食糧農業機関が開催したイネ技術会議に出席

2012年、インドで開催された第6回国際ハイブリッドライスシンポジウムで発表

2004年、イスラエルでウルフ賞農業部門受賞式に出席し、イスラエルの科学者と交流。中央はクッシュ博士

2001年、バングラデシュで開催されたアジアハイブリッドライスプロジェクト責任者会議に出席

2004年、袁隆平と米国の科学者タンクスリー博士

2004年、ノーベル賞を受賞したノーマン・ボーローグ博士と交流

2002年9月16日、第1回国際イネ大会開幕式に出席

2004年、世界食糧賞学術会議の科学者とハイブリッドライス技術について意見を交わす

2003年、ハイブリッドライス栽培強化フォーラムに参加し外国人専門家と交流

2004年、米国アイオワ州立大学でスピーチ

2004年2月13日、国際連合食糧農業機関が開催した国際イネ大会で中国のハイブリッドライスの状況を紹介

2009年9月11日、中国ハイブリッドライス技術対外協力部長級フォーラムで、国際連合食糧農業機関駐中国代表のセチトレコ女史とディスカッションを行った

2013年4月8日、食糧安全問題円卓フォーラムで発言

2014年、世界種子大会で基調講演を行う

2016年、ノーベル物理学賞を受賞した楊振寧博士と交流

『サイエンス』が掲載した中国のスーパーハイブリッドライス研究の進展状況

第10章

平和の種まき、世界を幸せに

ハイブリッドライスはイネの栽培、世界の食糧生産における革命であり、イネの育種に革命的な方式を生み出した。ハイブリッドライスは一国の経済や人々の生活、食糧安全保証に関わる重要なテーマであり、袁隆平は人生をかけて「ハイブリッドライスを発展させ、世界の人々を幸せにする」ことを追い求めた。その願いを実現するため、外国との科学技術交流や技術指導および政府間協力に、長期にわたり尽力した。

1. 農業特許の米国への初譲渡とその後の両国間協力

　1979年5月、中国農業部は1.5kgのハイブリッド種子を米国のオキシデンタル・ペトロリアムに贈呈した。これは中国のハイブリッドライスが国際的な門戸を開き、世界に向けて一歩を踏み出したことを意味する。米国では1970年代からすでに、ハイブリッドライスの研究が行われていたが、三系交配の実現には到らず生産への応用は実現しなかった。そのため米国は、中国のハイブリッドライスの開発成功に大きな期待を寄せていた。オキシデンタル・ペトロリアム傘下にあるリングアラウンド社のウェルチ社長は中国を訪問し、中国農業部の種子会社から0.5kgずつ3パックに小分けされた計1.5kgのハイブリッドライスの種子が贈られた。ウェルチ社長は種子を持ち帰り小規模な栽培実験を行った。米国にある良質品種のイネと比較して、33％以上の増産という明らかな優勢を認めたため、1979年12月、ハイブリッドライスに強い興味を示し、再び訪中した。交渉の結果、ウェルチ社長と中国種子会社は、種子技術方面で交流と協力を行う基本協定書を結んだ。1980年1月、ウェルチ社長は3回目の訪中を行い、中米双方は正式な契約を結んだ。契約では、中国はハイブリッドライス技術を米国側に譲渡し、米国が種子生産を行うこと、生産した種子は米国、ブラジル、エジプト、スペインなどで販売し、リングアラウンド社は種子を販売する収入から、毎年一定比率の知的財産権使用料を中国側へ支払い、契約期間は20年とすることを決めた。この契約は中米両国および両国の農業科学技術において非常に意義があり、また、中国農業分野で初めて外国に対して行われた技術譲渡契約となり、国際社会で広く注目を集めた。

1980年、米国でハイブリッドライス技術研究を指導

オキシデンタル・ペトロリアムは宣伝活動の推進を決め、1981年7月に撮影班を中国へ派遣し、『中国の庭から――中国ハイブリッドライスの物語』と題して、中国のハイブリッドライスを中心にドキュメンタリーを撮影した。このドキュメンタリーは1983年7月、日本のNHKで放映されセンセーションを巻き起こした。日本で出版された書籍『謎のコメが日本を狙う』では「ハイブリッド・シンドロームが日本に嵐をもたらそうとしている」と紹介された。

1983年、英国シェル社により撮影班が湖南省長沙市へ派遣され、中国のハイブリッドライスに関するドキュメンタリーが撮影された

対米技術譲渡契約に基づき、1980年、袁隆平、陳一吾、杜慎余は技術指導を行うため、米国に招聘された。同年5月、リングアラウンド社がカリフォルニア州南端のエル・セントロに設けたカリフォルニア大学農業試験場へ到着した。袁隆平らは契約に基づいた期間滞在し、毎日自転車で滞在先と試験場を行き来し、ハイブリッド生産技術を教授した。

1980年、袁隆平らは米国でハイブリッドライス技術研究を支援。自転車に乗り滞在先からカリフォルニア大学の農業試験場へ向かう途中の袁隆平(中央)、研究員の杜慎余(左)、陳一吾

カリフォルニア大学農学院の教授らは、中国がわずか9年でハイブリッドライス三系法を成功させた事実に驚きを隠せず、敬服の念すら感じていたという。その後、米国側は湖南省農業科学院へ関係者を派遣して、科学研究契約を締結した。さらに優良品質のハイブリッドライスおよび異系交配率の高い不稔系統の育成を望んだため、袁隆平は依頼に基づき、5回の訪米を通じて技術を伝えた。助手の尹華奇、李必湖、周坤炉なども度々訪米し、ハイブリッドライスの育種と種子生産技術を教えた。

オキシデンタル・ペトロリアムへハイブリッドライス技術が譲渡されると、傘下のリングアラウンド社は利益を得るため商業化を急いだ。契約とは共に利益を得ることではあるが、袁隆平は米国の要望に対して、技術専門家としての職責および客観的かつ科学的な立場に立ち、段階的かつ慎重に事業進めるように助言し、さらに貴重な意見を与えた。

1986年、袁隆平は米国のリングアラウンド社のジョンソン社長と技術責任

者のカルーブ博士に宛てた手紙で、次のように伝えた。

親愛なるジョンソンとカルーブへ
　御社の進めるハイブリッドライス種子生産計画について、アドバイスがあります。御社がすでに大きな計画を立て、1987年に徳州農場でRAX2003の種子の生産準備（100万〜200万ポンド）をしていると耳にしました。御社のビジネスに対する熱意に敬意を示し、また御社が中国以外でもハイブリッドライスで成功を収めようと意気込む気持ちも理解していますが、私はこの計画は保留にした方がよいと考えています。昨年10月、長沙市でカルーブ博士に私の個人的な考えをお伝えしましたが、ハイブリッドライス品種の商業化生産のためには、まず3つの先決条件があります。

1. 現在普及している中で最高の通常イネ品種よりも20％の多収
2. 大規模生産で平均収量として1エーカー（0.405ヘクタール）当たり1200ポンドの達成
3. 良質な米質

　私の知る限りでは、このハイブリッドライス品種は上述の3つの条件を満たしておらず、特に種子生産は基準に達していません。私の観察では、L301A種子生産時の他家受粉結実率は私たちの要求を満たしていません。その理由は開花習性が望ましくない状態だからであり、具体的には3点あります。第1に、毎日の開花時間が正常品種よりも遅いこと。第2に、開花後に花の柱頭が萎縮する原因が、大きすぎる柱頭にあると考えられること。第3に、一定の性状において依然として分離現象があること。以上の理由から、御社の生産および研究計画に私から提案があります。

1. RAX2003は望ましいハイブリッドライスの品種ではありますが、現在までのところ、種子の大量生産の段階までには到っておらず、まだ収量の試験段階です。よって、1987年に20〜30エーカーでF1種子生産を行うことが合理的です。
2. 不稔性22A（改良型「韮改A」に属す）はより優れ、他家受粉の高結実率を持つため、これを用いて種子生産を行えば、容易に1エーカー当り2000ポンドの種子収量を得られます。よって、この品種の繁殖と試験を重点的にお願いしたいと考えます。

敬意を込めて
袁隆平

袁隆平と助手は数年の努力を経て、米国での栽培方式と要求された米質を満たす組合せの選抜を行った。さらに種子生産の機械化問題の解決に努め、種子生産結実率を75～85％へと向上させ、米国側が抱える多くの難題を解決した。中国のハイブリッドライスは、米国で3年間に及ぶ試験を通じ、現地の栽培品種と比較して48％以上の増産や、結実期間の8日間短縮をそれぞれ実現し、さらには機械化栽培にも適応を見せた。整粒歩合も対照品種より高く、米国稲作協会の鑑定を経て、米国コメ市場の基準を満たすことが証明された。

1986年、リングアラウンド社のジョンソン社長と技術責任者のカルーブ博士宛てに袁隆平が書いた手紙

　のちに、リングアラウンド社は契約をテキサス州の米国ライステック社に譲渡したが、中国と米国間の協力と友好関係は今に至るまで続く。リヒテンシュタイン公のプライベート投資会社であるライステック社と、湖南ハイブリッドライス研究センターの間で共同開発合意書が結ばれ、1994年9月、合意書が中国農業部により正式に批准された。湖南ハイブリッドライス研究センターは十数人の専門家をライステック社へ派遣し、効果的な活動を展開させるとともに、米国側の育種や繁殖および種子生産にかかる様々な問題の解決を進めてきた。20年を超える協力関係は現在も続いている。ライステック社の経営規模の拡大に伴って業務範囲も広がり、南米などの市場も開発されている。袁隆平の「ハイブリッドライスで地球を覆う夢」は、ライステック社により着実に実現されている。

2010年、ライステック社の幹部役員と専門家によるスーパーハイブリッドライス栽培モデルの視察に同行

2012年、リヒテンシュタイン公ハンス・アダム2世と長沙市で会見

袁隆平の研究チームは技術指導を通じて、米国で種子生産の機械化を実現させた。種子生産時にはヘリコプターを使って授粉を補助し、中国で行われる「趕粉」と呼ばれ、長縄を使った人手を要する受粉補助方法よりも、先進的な方法が用いられていた。しかし現在、中国も非常に大きな進歩を遂げている。米国では、水田の上空を飛ぶヘリコプターの羽の振動を利用して授粉が補助されている一方、中国ではドローンにより作業が行われている。

2. 国際連合食糧農業機関（FAO）に最優先の食糧増産策として選ばれた戦略プロジェクト

1990年代、国際連合食糧農業機関は食糧増産と食糧不足問題解決の最優先戦略プロジェクトとして、コメ生産国でハイブリッドライス推進に取り組むことを決めた。15カ国を選び、経費提供によるハイブリッドライス普及推進を行う決定は、世界でハイブリッドライスの研究および普及を進める絶好の好機となり、条件も整えられた。研究者十数人余りが国際連合食糧農業機関の顧問として招聘され、袁隆平が主席顧問に任命された。袁隆平は相次いで十数回にわたりインド、バングラデシュ、ベトナム、フィリピン、ミャンマーなどの国を訪れ、技術指導やコンサルティングなどを行い、世界に向けてハイブリッドライス技術を広め、食糧不足や飢餓の問題解決に尽力した。また、これらの国でハイブリッドライスの人材と技術体系を発展させるため、ハイブリッドライスの50組余りの組合せを提供し、南アフリカや東南アジアで試験栽培を行い普及に努めた。その結果、東南アジア、南アジア、北米、南米、アフリカなどの40を越える国家と地域でハイブリッドライス品種の導入と研究が進み、大幅な増産が実現した。これにより、コメ生産国が増産を行う上で、有効な道が切り開かれた。

1990年から1993年にかけて、袁隆平はインドを3度訪問し、国際連合食糧農業機関主席顧問としての職責を果たした。当時、インドは中国を見本としてハイブリッドライスの普及に努力しており、ハイブリッドライスプロジェクトのネットワークセンター10カ所を設立した。袁隆平はこれらのセンターと試験拠点や圃場の材料を頻繁に視察して、インドの科学者が研究で直面する問題に関して懇談会を開いて話し合

1990年代、外国からの賓客にハイブリッドライスの雑種強勢を示す

い、インドのハイブリッドライスの育種、栽培および種子生産などあらゆる方面でアドバイスを与えた。国際連合食糧農業機関はインドにおけるハイブリッドライス技術の発展および利用に関するプロジェクトのより踏み込んだ実施を決めた。プロジェクトの実施をめぐり、袁隆平は視察と検証を通じてインドのために、対照品種より15〜30%の増産が可能なハイブリッドライスの組合せ育成、二系法雑種強勢利用の研究、有効なハイブリッドライス種子生産技術開発などの各種提案を行い、インドにおけるハイブリッドライスの大規模栽培による商業化実現に力を尽くした。この間、インドの発展は目覚ましく、現地栽培に適したハイブリッドライスの組合せ35組を選抜し、特に優れた組合せでは対象品種よりも1ヘクタールあたり1.2〜1.4トンの増産を可能にした。インドにおけるハイブリッドライスの大規模栽培への応用は、現在すでに明るい見通しがつけられている。

1992年11月、インドのタミルナドゥ農業大学イネ育種拠点の圃場で指導を行う

1992年11月8日、インドのバンガロールで飛行機を乗り換えハイデラバードへ向かう

1992年、インドで最初に設立されたハイブリッドライス拠点を視察する(右端)

1992年、インドでハイブリッドライスの技術指導を行い圃場を観察

1993年、インドでハイブリッドライス技術の指導を行う

インドでハイブリッドライス技術責任者と活動計画を立てる袁隆平（右端）

1993年、インドでハイブリッドライス研究室のテープカットを行う

1996年、インドで第3回ハイブリッドライスシンポジウムに参加し、ハイデラバードのハイブリッドライス種子倉庫を視察

2013年、インドの科学者の訪問を受ける

1997年、ミャンマーでハイブリッドライスの技術指導を行う

ミャンマーの簡易スクリーンハウスで、ハイブリッドライス不稔系統の生育状況を観察する

1997年、ミャンマーでのハイブリッド技術指導中に、コメ市場の視察を通じてイネの品質を確認

1998年、水田でジェスチャーを交えながらミャンマーの研修生を指導

3. ハイブリッドライス技術国際研修

　ハイブリッドライス技術国際研修の実施は、ハイブリッドライス技術を世界に普及させる上で重要な指標の1つだった。1980年9月、長沙市に位置する湖南省農業科学院において、国際ハイブリッドライス育種研修が中国農業科学院と国際稲研究所により共同で実施された。この育種研修は、中国により実施されるハイブリッドライス技術国際研修の先駆けとなった。袁隆平研究チームは、インド、タイ、バングラデシュ、スリランカ、フィリピン、インドネシア等の国々から参加する専門家に向けて、ハイブリッドライス技術に関する主要課程の講義を行った。1981年9月、2期目となる国際ハイブリッドライス育種研修の実施後、国際連合食糧農業機関、国際稲研究所、中国農業部、中国商務部等の機関および部局から相次いで委託を受け、湖南ハイブリッドライス研究センターでハイブリッドライス技術国際研修が実施された。本研修はハイブリッドライスを世界に広く普及させる上で、重要なプロセスとなった。

1998年、袁隆平がミャンマーでの指導を終えた後、『科技日報』に記事と共に掲載された写真

1980年、第1期国際ハイブリッドライス育種研修で研修生に向けて講義を行う

中国農業科学院と国際稲研究所は共同で、第1期国際ハイブリッドライス育種研修の実施を決定し、1980年9月、湖南省農業科学院で開講された

1980年、湖南省農業科学院にて第1期国際ハイブリッドライス育種研修が実施され、アジアの主要コメ生産国から研修生が集まった

1980年、湖南省長沙市にて実施された第1期国際ハイブリッドライス育種研修に参加した研修生たち。岳麓山にある麓山寺へ見学に行った

1994年、国際ハイブリッドライス育種研修を修了したインド人研究生と共に写真撮影をする袁隆平と関係者

2007年、国際ハイブリッドライス技術研修の研究生と交流

2007年、国際ハイブリッドライス技術研修クラスの歌を歌う袁隆平と研修生

2009年、国際ハイブリッドライス技術研修の研修生に説明

2010年、国際ハイブリッドライス技術研修で外国人研修生からの質問に答える

　湖南ハイブリッドライス研究センターで研修を受けた各国の研修生からは、ハイブリッドライス技術の専門家が次々と生まれた。特に1999年から中国政府商務部が「ハイブリッドライスを発展させ、世界の人々を幸せにする」との指針を支持したことにより、国際ハイブリッドライス技術研修（Hybrid Rice Technology International Training Course）の実施は海外支援プロジェクトとして、海外に向けた技術支援のために良好なプラットフォームを形成した。こ

のような過程を経て実施された国際ハイブリッドライス技術研修は400期余りに及び、アジア、アフリカ、ラテンアメリカの約80カ国の発展途上国に対し、1万4千人以上の人材育成を支援した。支援を受けた専門家たちの中には帰国後、昇格した者や政府の要職に就いた者が多くおり、各国でハイブリッドライス技術の主要人材になった。研修生らによって各国へともたらされたハイブリッドライス技術は、その土地で新たに根をおろし、実りの花を咲かせた。元研修生からは、中国で実施されたハイブリッドライス技術研修に対して感謝を伝える手紙が数多く届けられ、その中には第二の家——中国を再び訪れたいと望む者もいた。この外国人研修生たちは研修クラスのため歌も制作し、「共に手を取れば……」とタイトルを付けた。袁隆平は技術の普及と研修の更なる充実を図るため、『ハイブリッドライス基礎課程』を編纂し、1985年に湖南科学技術出版社から出版した。この本はハイブリッドライス技術を学ぶ国内外の人々のニーズに応える形で、出版に至ったものである。また、袁隆平を中心に編纂され、1995年に国際連合食糧農業機関から出版された『ハイブリッドライス生産技術』は、国際研修の発展に伴い40カ国余りの国々で出版され、国際ハイブリッドライスの研究および生産の手引書となった。その後、2001年に国際連合食糧農業機関からスペイン語版が出版され、さらに多くの国々へと広まった。

国際ハイブリッドライス技術研修で、研修生に講義をする

袁隆平が中心となって編纂した『ハイブリッドライス生産技術』。1995年に国際連合食糧農業機関から出版

国際ハイブリッドライス技術研修の研修生に修了証書を渡す

中国での研修に参加したあるアフリカ人研究生は「ハイブリッドライス技術研修の参加期間中、毎日白米を食べられてとてもうれしかった。私たちの国では白米を食べたいと思っても、週に2度ほどしか食べられない。ハイブリッドライスの普及を通じて、私の国の全ての人々が毎日白米を食べられるようにしたい」と語った。

さらに「私たちはアフリカの異なる国々からそれぞれ来ているが、抱く夢は皆同じだ。それは、袁隆平教授の発明したハイブリッドライス――素晴らしい『オリエンタルミラクルライス』を私たちの国へ持ち帰り、人々を幸せにすることだ」と決意を明らかにした。

2014年、「国際連合食糧農業機関ハイブリッドライス研究研修リファレンスセンター」の看板を授与された湖南ハイブリッドライス研究センター

2014年、発展途上国食糧安全部研修に参加

4.「国際コメ年」に起きた物語

国連が2004年を「国際コメ年」に制定したことにより、ハイブリッドライスへの注目度も大いに高まった。この年、袁隆平の多忙な様子が記録に残されている。

2004年2月、袁隆平はイタリアのローマで開催された「2004年国際コメ年」の祝賀会およびイネグローバル市場と持続可能な開発体系国際会議に参加し、会議の場で「ハイブリッドライスの食糧安全と栄養に対する影響」をテーマに報告を行った。5月にはイスラエルを訪問し、ウルフ賞を受賞、8月にはマレーシアを訪問し、ハイブリッドライスに関する協議事項について意見を交わした。また同月、タイを訪れて国際会議に参加し、タイ政府から「金の鎌賞」を受賞した。10月、米国で世界食糧賞を受賞し、世界食糧賞財団が「アジアからアフリカへ：イネ――バイオロジーによる栄養強化」と題して開催した国際学術シンポジウムの場で、「ハイブリッドライスによる世界食糧安全への貢献」をテーマとした発表を行った。11月、フィリピンで開催された国際イネフォーラムに参加し、スーパーハイブリッドライスの開発に関する報告を行った。

袁隆平が受けた表彰に着目して2004年を振り返ると、5月にイスラエルから

ウルフ賞、8月にタイから金の鎌賞、9月にフィリピンのアロヨ大統領自らが署名した表彰状、10月に米国から世界食糧賞を授与された記録がある。

さらに、この特別な1年を会見相手に着目して振り返ると、イスラエル、マレーシア、タイ、リヒテンシュタイン、フィリピンの5カ国の国家元首と会見した記録が残る。

2004年8月、マレーシアからの招待を受けて訪問した際、サイド・シラジュディン国王（前列右）に、中国で開発されたスーパーハイブリッドライスの「稲穂の滝」のパノラマ写真を贈呈した

2004年9月、フィリピンのアロヨ大統領が中国を訪問し、北京で開催された袁隆平の表彰式で大統領自ら表彰状に署名した

2004年、ビジネスパートナーである米国のライステック社役員とハイブリッドライス技術について意見交換を行う。右側中央はハンス・アダム2世

2012年、リヒテンシュタイン公ハンス・アダム2世と記念撮影

リヒテンシュタインはヨーロッパに位置する小国ではあるが豊かな国であり、リヒテンシュタイン公は世界でも有名な富豪である。そのリヒテンシュタイン公は農業技術に大きな関心を持っており、1994年には、自身が投資した米国のライステック社と湖南ハイブリッドライス研究センターとの間でパートナーシップ契約の締結を行った。1998年、リヒテンシュタイン公であるハンス・アダム2世は私的に中国を訪問し、湖南省で袁隆平と面会すると、「夢に見るほど、お会いしたかった」と伝えた。さらに2004年には、袁隆平が米国で世界食糧賞を授与されると、米国へ赴き祝意を表し、パートナーシップのより一

層の強化を求めた。このように、袁隆平に深い親しみを抱いていたハンス・アダム2世は2007年、ハイブリッドライスに注目して中国を再び訪問し、米国のライステック社CEOを同行させて袁隆平研究チームとの商談に臨んだ。ハンス・アダム2世らはより大きな国際市場を見込み、ハイブリッドライスの協力開発の更なる進展に強い確信を持っていた。米国のライステック社はその後、ハンス・アダム2世の息子であるコンスタンティン公子に受け継がれた。2012年、ハンス・アダム2世はコンスタンティン公子を同行させて袁隆平を訪問し、同社は今後、ハイブリッドライスの栽培面積を米国南部のイネ総栽培面積の3分の1以上へと拡大させるとの見通しを明かした。このほか同社は、インドおよび南米地域における事業拡大を推進し、ハイブリッドライスの栽培面積は年々拡大の一途をたどっている。

2002年10月12日、モザンビークのパスコアル・モクンビ首相は、中国を訪問した際にハイブリッドライスの試験圃場を視察し、ハイブリッドライス技術について袁隆平の指導を仰いだ

5. 各国の国家元首および政府要人から支持される中国のハイブリッドライス

ハイブリッドライスが世界に与える影響力の拡大に伴い、湖南ハイブリッドライス研究センターを各国の専門家や各界の名士が次々と訪れた。政府要人のほか、モザンビーク首相、リベリア大統領、インドネシア前大統領、ラオス首相、南スーダン大統領、ナイジェリア大統領、マダガスカル大統領、シエラレオネ大統領、ギニアビサウ大統領等の多くの国家元首も自ら袁隆平を訪問し、食糧問題に対する解決策を求めた。彼らは中国ハイブリッドライスの発展および国際貢献を称えただけではなく、自国における食糧生産発展のために袁隆平による援助を熱望した。特に2009年、2018年には、当時のシエラレオネ大統領がそれぞれ湖南ハイブリッドライス研究センターを訪問し、本国の食糧生産発展させるという目標のため、袁隆平に指導を求めた。2018年8月31日、ギニアビサウ大統領は袁隆平を訪ね、試験圃場で栽培されたスーパーハイブリッドライスを目にした。その優位性に強い衝撃を受けた大統領は、北京で習近平

国家主席と会見すると早速、ギニアビサウに袁隆平の研究チームを招き、ハイブリッドライス技術開発のために指導を仰ぎたいと申し出た。

2006年6月26日、湖南ハイブリッドライス研究センターを訪問したインドネシアのメガワティ・スカルノプトゥリ前大統領を出迎えた

2006年10月31日、リベリアのエレン・ジョンソン・サーリーフ大統領を案内

2007年8月24日、湖南ハイブリッドライス研究センターを訪問したセントルシアのケニー・アンソニー前首相(左から5番目)を歓迎

2009年5月27日、来訪したシエラレオネのアーネスト・バイ・コロマ大統領と親しみを込めて握手を交わす

2018年10月15日、湖南ハイブリッドライス研究センターを訪問したシエラレオネのジュリウス・マーダ・ビオ大統領の視察を案内

　2016年3月、カンボジア、ラオス、ミャンマー、タイ、ベトナムのメコン川流域5ヵ国との連携および交流の促進を図るため、中国外交部、国家発展改革委員会、中国商務部は、瀾滄江・メコン川協力第1回首脳会議の開催期間中に、

第10章　平和の種まき、世界を幸せに　143

瀾滄江・メコン川国家協力展示会を共催し、メコン川流域国に対する中国ハイエンドテクノロジー成果のPRおよび国際協力プロジェクトのプロモーションを行った。その中で、ハイブリッドライスは中国農業分野における重要な科学技術成果として紹介された。3月23日、中国を訪問し首脳会議に参加したカンボジア、ラオス、ミャンマー、タイ、ベトナムの5カ国の首脳らは、会談後、李克強国務院総理と共に展示会場のハイブリッドライス展示スペースを訪れ、スーパーハイブリッドライスの苗のサンプルや稲穂標本の視察を入念に行った。見学後、メコン川流域5カ国の首脳らは袁隆平が研究したスーパーハイブリッドライスを高く評価し、相次いで袁隆平に握手を求め、ハイブリッドライスの指導と普及のため来訪を求めた。ベトナムのファム・ビン・ミン副首相は、袁隆平およびその研究チームに重ねて来訪を求め、2016年上半期、袁隆平チームはベトナムを訪問し、現地でのハイブリッドライスの開発を支援した。李克強総理は、中国ハイブリッドライスの世界への飛躍に対して強い支持を表明するとともに、メコン川流域国への優先的な進出を認めた。

2009年10月19日、来訪したケニアのムサリア・ムダバディ副首相と会見

2011年10月18日、来訪した南スーダンのスーダン人民解放運動ペイガン・アマム総書記と会見

2013年6月24日、来訪したスリナムのデシ・ボーターセ大統領を歓迎

2013年7月11日、北京でナイジェリアのグッドラック・ジョナサン大統領と会見

2013年、湖南ハイブリッドライス研究センターを訪問したスヴェイン駐中国ノルウェー大使に湖南刺繍を贈呈

2013年9月29日、湖南ハイブリッドライス研究センターを訪問したチュンマリー・サイニャソーン・ラオス人民革命党総書記兼国家主席と夫人を歓迎する袁隆平

2017年3月24日、海南で開催されたボアオフォーラムの場でマダガスカルのヘリー・ラジャオナリマンピアニナ大統領と会見

2019年6月、中国・アフリカ農業協力発展フォーラムで、ビデオを通じて英語で挨拶を述べる

　2019年6月27日、湖南省の人々は、省都の長沙市で初となる国家レベルの会合を迎え入れた——第1回中国・アフリカ経済貿易博覧会開幕式および中国・アフリカ経済貿易協力フォーラムである。53カ国のアフリカの国々のほか、国連工業開発機関（UNIDO）、国連世界食糧計画（WFP）、世界貿易機関（WTO）、アフリカ連合（AU）等の国際機関も参加した。博覧会の期間中に開催された中国・アフリカ農業協力発展フォーラムで、袁隆平はビデオを通じて「発展途上国の食糧不足を解決するため、ハイブリッドライスの開発支援を喜んで行いたい」と挨拶した。この言葉は出席者の大きな注目を集め、袁隆平は瞬く間に「網紅（インターネット上での有名人）」となった。ウガンダ共和国のムセベニ大統領は「中国のハイブリッドライス技術は、世界のコメ増産に多大な貢献を果たした」と称賛し、マダガスカルのルシアン農業畜産水産大臣は「袁隆平のハイブリッドライス技術は、マダガスカルの人々を飢餓から救済するだろう」と称えた。ガンビアのアミー農業大臣は「以前から袁隆平と面識

があり、私たちのコメ生産量増加に寄与してくれた」と語り、南スーダンのオンヨティ農業および食糧安全省大臣は「中国湖南省から技術指導を受けて、ハイブリッドライス栽培を導入したい」と望んだ。

6.「ハイブリッドライスカード」という外交的切り札

　ハイブリッドライス技術は世界で、中国の四大発明に次ぐ「五大発明」だと見なされ、「オリエンタルミラクルライス」とも称されるようになった。統計によると現時点において、ハイブリッドライスを栽培する国は40カ国以上に及ぶ。近年、世界でのハイブリッドライスの年間栽培総面積は2000万ヘクタール近くに達する。中国以外の国々におけるハイブリッドライスの栽培面積は、2002年の82万ヘクタールから2017年の700万ヘクタールにまで増加し、現地の優良品種と比較して、平均で1ヘクタール当り約2トンの増収が見られた。これにより、ハイブリッドライスの将来性はさらに高まり、ハイブリッドライスの開発はコメ生産国の食糧増産に即効性のある効果をもたらした。国際稲研究所のロバート・ジーグラー所長が「私たちに必要なのはコメの収量を高める技術であり、ハイブリッドライスはまさに最も必要な技術の1つである」と話したように、ハイブリッドライスの中国での普及および応用が収めた成功は、多くの国からも食糧安全保障のための優れた方策として見なされた。中国のハイブリッドライスは、世界の食糧安全保障および世界平和のため、これからも多大な貢献を果たしていくことだろう。

2001年、ベネズエラを視察し指導を行う

2008年、訪中した全米州議会議員連盟の議員に対し、ハイブリッドライス技術を紹介

　2001年11月、袁隆平は江沢民国家主席の推薦を受け、ハイブリッドライスの普及のためベネズエラへ派遣された。その間、チャベス大統領自らの指示により、ベネズエラ企画開発省大臣の同行のもと、赤道近くの3つの省を視察し

た。袁隆平はそれらの土地がハイブリッドライスの栽培に適すると判断し、ベネズエラにハイブリッドライスの種子を寄贈してモデル栽培を行った。さらに、各州の農業専門家や政府関係者を対象に3回の学術講演を行った。ベネズエラ側の担当者はハイブリッドライス技術の習得のため、研修生の中国への派遣予定を明らかにし、ハイブリッドライスの普及を両国政府間の協力プロジェクトと位置付けた。ベネズエラが大々的に国内でのハイブリッドライスの普及を目指したのは、自国民の食糧問題を解決するためだけではなく、近隣諸国への食糧輸出を実現させるためでもあった。

「ハイブリッドライス外交」は、まさに中国の「対外経済進出活動」戦略の一翼を担う重要なプロジェクトとなり、当時の唐家璇国務委員と関連部門から高い評価を得ただけではなく、中国科学技術の発展、平和的発展および大国の責任と調和力を世界に示す重要なシンボルとなった。

2009年、中国ハイブリッドライス技術対外協力フォーラムに参加した大臣クラスの来賓に対し、圃場でハイブリッドライスを紹介

ハイブリッドライスの世界進出は、対外経済援助と農業経済貿易協力活動との結びつきや支持と密接な関係にある。特にアジア、アフリカ、ラテンアメリカ等の発展途上国に対する援助には、中国政府外交部、中国在外公館および在中国外国公館の関与が不可欠だったため、その関与を通じて外国政府の注目をより集めることとなった。袁隆平は、規制緩和と政策支援が国連内外の関連機関や企業に有利に働き、さらには海外に向けたハイブリッドライス技術開発に関連する研究を進展させ、海外投資リスクの軽減や海外からの投資の増加に繋がると考えていた。こうしてハイブリッドライスの「対外経済進出活動」はますます加速していった。

2009年、湖南ハイブリッドライス研究センターを訪問した駐中国アフリカ使節団に対し、中国ハイブリッドライスの開発状況を紹介

2010年、潘基文国連事務総長と対談

7.「ハイブリッドライスで地球を覆う夢」

　コメは主要農作物として世界120カ国以上の国と地域で広く栽培され、世界人口の半数以上の主食でもある。しかし、世界のコメの平均収量は1ムー当り約200kgにすぎず、さらに中国を除いた世界での毎年のコメの作付面積は現在、1億1千万ヘクタールである。

　中国が開発したハイブリッドライスは、現時点ですでに40カ国以上の国々で試験栽培が行われている。ベトナム、インド、フィリピン、インドネシア、バングラデシュ、米国、ブラジル等の国々では大規模生産も行われ、いずれも顕著な増収効果をあげている。

　米国は世界で比較的早くハイブリッドライスを開発した国として、中国のハイブリッドライスをいち早く導入し試験栽培を行った。増収効果が明らかになると、中国のハイブリッドライスは米国で驚きを込めて「オリエンタルミラクルライス」と呼ばれるようになった。それ以来、米国でのハイブリッドライスの栽培面積と生産量は増加し続けている。2017年、米国のハイブリッドライス栽培面積はすでに44万ヘクタールに達した。平均収量は現地の優良品種と比較して約25％増加し、1ヘクタール当り9トンを超える。近年、米国は亜種間ハイブリッドライスを利用し、良好な開発が進められて見通しも明るく、ハイブリッドライスの将来に対する自信を深めている。

　ベトナムでは近年、ハイブリッドライスの栽培面積が60万ヘクタールに近づき、平均収量は1ヘクタール当り6.3トン、全国でのコメの平均収量（ハイブリッドライスを含む）は1ヘクタール当り4.5トンにまで及び、従来品種と比較して40％以上の増収を実現した。大規模な栽培面積と大幅な増収により、ベトナムはタイに次ぐ世界第2位のコメ輸出国となった。

2002年、ベトナムでハイブリッドライスの栽培について指導

2012年、インドでハイブリッドライスを視察

インドのハイブリッドライスの栽培面積はこの数年間で250万ヘクタールに達し、ハイブリッドライスは従来品種と比較して15〜20％の増収となった。インドはハイブリッドライスを開発する過程で、ハイブリッドライスに関する技術と方法を中国から学ぶことを決め、雄性不稔細胞質資源を導入するとともにハイブリッドライス品種の自主栽培も行っている。

　インドネシア、バングラデシュ、パキスタン、エクアドル、ギニア等の国々でもハイブリッドライスの試験栽培が行われ、いずれも大きな成功を収めている。2002年、インドネシアのスマトラでは450ムー（30ヘクタール）分の中国ハイブリッドライスを試験栽培し、1ムー当りの平均収量が600kgを超えた。一方で、現地の優良品種の収量は1ムー当りわずか300kg前後に留まっている。また、ギニアでも現地のコメ収量は1ムー当り100kg程度にすぎなかったが、ハイブリッドライスを100ムー以上の面積で試験栽培した結果、1ムー当りの収量で400kgを超えた。

2003年、フィリピンでハイブリッドライスの技術指導を行う

2003年、ハイブリッドライスを栽培するフィリピンの農家と撮った記念写真

　フィリピンはコメを主食とする国であり、国の指導者もハイブリッドライスの開発を非常に重視している。1998年にジョセフ・エストラーダがフィリピン大統領に就任すると、取り組むべき政策として食糧の自給自足を挙げた。エストラーダ大統領は、中国が10億人の人口を抱えながらも食糧輸出が可能になるほど生産に余裕がある一方、豊富な天然資源と広大な農地に恵まれるフィリピンがコメを輸入に頼り続けている事実を指摘し、この局面を変えるべきだと主張した。また、中国もベトナムもハイブリッドライス技術によってコメの生産量を増加させている状況に鑑み、このままフィリピン人が空腹を感じ続ける必要などなく「近隣諸国のコメ生産能力を超えられない理由など、フィリピンにはない」と考えた。エストラーダ大統領は食糧生産を発展させるために、フィリピンの農家に対してハイブリッドライス種子の使用を奨励した。「食糧

輸入国」からの脱却を目標として、グロリア・アロヨがフィリピン大統領に就任した以降も、ハイブリッドライスの開発は継続して支持された。

　2003年、袁隆平がフィリピンを訪問すると、現地の農家はすでにハイブリッドライスの大規模栽培に着手し、豊作に喜んでいた。収穫の現場で袁隆平が「このイネは重いか」と農民に聞くと、農民は「重い」と答えた。袁隆平が「うれしいか」とさらに尋ねると、農民は「うれしい」と答えた。英語の「重い」と「うれしい」は発音が近く、それぞれ Heavy と Happy である。フィリピンの農民は "Very Heavy!" "Very Happy!" と喜んだという。

　アロヨ大統領が袁隆平と5回にわたり会見したことも、語り継がれるべきことだろう。2001年、袁隆平はフィリピンのラモン・マグサイサイ賞を受賞し、大統領から賞を授与された。2003年、フィリピンにおけるハイブリッドライス開発を促進するため、大統領は袁隆平をフィリピンに招聘した。当時、重症急性呼吸器症候群（SARS）が猛威を振るい、各国は水際対策を強めていた状況下にあったが、アロヨ大統領は袁隆平を必要として招聘に踏み切った。アロヨ大統領は「我々のハイブリッドライス構想は、すでにフィリピンの食糧安全確保に必要な主要部分である。全てを軌道に乗せ、2008年にはコメの自給自足を実現させることが私たちの目標である」と語った。2004年9月、大統領は中国の招待を受けて訪中した北京で、直筆の署名を入れた表彰状を袁隆平に授与し、フィリピンにおけるハイブリッドライス発展への功労を表彰した。その2か月後、袁隆平はフィリピンを再び訪問し、国際イネフォーラムに出席した。アロヨ大統領は袁隆平と再度会見を行うと、フィリピンのハイブリッドライス研究と生産の発展のため、引き続き中国からの支援を望んだ。その背景には、アロヨ大統領がハイブリッドライスについて、現地の従来品種と比較して40％の増産が可能だと認識しており、コメを主食とするフィリピンがハイブリッドライスの発展を通じて、食糧の自給自足が実現できるように、大きな期待を寄せていたことがある。2007年1月、温家宝国務院総理はフィリピンを訪問するにあたり、袁隆平の代表団への同行を要請した。袁隆平とアロヨ大統領の5回目となる会見では、ハイブリッドライスも含めた農業技術協力問題について引き続き協議が行われた。大統領は在任期間中、この問題を非常に重視しており、ハイブリッドライスの発展をフィリピン政府の「旗艦プロジェクト」に位置づけ、2010年までにハイブリッドライスの栽培面積を1500万ムー（100万ヘクタール）まで拡大することを通じて、籾の年間収量を150万トン増やし、食糧の自給自足を達成できるように計画した。

　アフリカ諸国でもハイブリッドライスへの注目度はますます高まっている。

2003年、フィリピンSL会社の圃場でハイブリッドライスの育種指導を行う

2003年、ハイブリッドライスの技術指導のためフィリピンを訪問し、アロヨ・フィリピン大統領と2度目の会見

2003年4月21日、袁隆平とアロヨ大統領の会見を伝えるフィリピンの新聞

2004年9月、アロヨ・フィリピン大統領と3度目の会見

2004年、マレーシアでハイブリッドライスの技術指導を行う

2016年、カンボジアでハイブリッドライスの技術指導を行う

ハイブリッドライスを植えるマダガスカルの農民

マダガスカルの新紙幣に印刷されたハイブリッドライスの図柄

第10章 平和の種まき、世界を幸せに 151

2018年、ギニアビサウのヴァス大統領は訪中に際し、アフリカにおけるハイブリッドライス開発に対する中国の援助を要望した。袁隆平研究チームは、現地で設立を計画するハイブリッドライス技術普及センターを通じて、ハイブリッドライスの現地栽培を行い、ギニアビサウの食糧問題の段階的な改善を行いたい意向を伝えた。

　アフリカのマダガスカルで試験栽培されたハイブリッドライスは、現地の従来品種と比較して1ヘクタール当り3トンの増収を実現し、最大で1ヘクタール当り10トンの収量を達成するに至った。そのため、マダガスカルの農家は袁隆平に大変感謝し、ハイブリッドライスを栽培できる喜びを伝えた。現在、マダガスカルにおけるハイブリッドライスの栽培面積は、すでに3万ヘクタールを超える。マダガスカル政府はハイブリッドライス技術の利用を通じ、国が直面する食糧問題の解決および農業経済の発展がそれぞれ促進され、国民の生活や福祉も改善されるよう望んでいる。マダガスカルではさらに、新紙幣にハイブリッドライスの図案が採用されている。

　ハイブリッドライスは、アフリカのギニア、リベリア、ナイジェリア、コートジボワール等の国々で試験栽培され、現地の従来品種と比較して3〜5倍という驚くべき増収効果を実現した。

　全世界では8億5200万人が慢性的な飢餓状態にあり、毎年5万人以上の子どもが飢えと栄養失調により命を落としている。その中で、ハイブリッドライスが世界の食糧安全を保障し、世界の平和維持のために積極的な役割を果たすには、担うべき責任は重く、実現へ向けた前途は長く困難である。世界のコメの作付面積は現時点で、22億5000万ムー（1億5千万ヘクタール）に達する。国際連合食糧農業機関の統計によれば、ハイブリッドライスの作付面積が世界のコメ作付面積の10％、つまり2億ムー（約1333万ヘクタール）まで及ぶと仮定すると、増産分は世界のコメ総生産量の20％を占めるとされる。さらに、作付面積全体の約50％に及ぶと仮定すると、増産分によりさらに4〜5億人分を多く養える計算になる。このように、世界の飢餓をなくす上で、ハイブリッドライスは大きな希望となる。これこそがまさに、袁隆平の最大の願いであり最も追求する夢——「ハイブリッドライスで地球を覆う夢」の実現である。ハイブリッドライスは、世界で一層大きな発展を遂げていくことだろう。

袁隆平の「ハイブリッドライスが全世界を覆う夢」

第11章

初心を忘れず、「三農」を案ずる

飢餓はかつて、世界を徘徊する恐ろしい亡霊だといわれていた。そして、中国もこの亡霊により長期にわたり脅かされ続けた。1950年代初頭、当時のアチソン米国国務長官は「中国共産党は戦争に勝利できても、中国人が抱える食糧問題を解決することはできない」と公言して憚らなかった。1994年、さらに米国人のレスター・ブラウンも、中国の人口増加、耕地の減少、土壌悪化等の客観的要素を分析した上で、「将来誰が中国を養えるのだろうか」と疑問を呈した。
　しかし、ハイブリッドライスに関する研究成果が世界中に衝撃を与えると、今度は同じ米国人であり、米国大統領の農業コンサルタントを4期務めたドン・パールバーグ教授は次のような称賛を示した——「袁隆平の農業科学分野における功績は飢餓の脅威を退け、私たちを満ち足りた生活へと導いた」

私たちが口にするコメの1粒ひとつぶが、
農民の苦労の結晶

1. 「種三産四」多収穫プロジェクトと「三一」食糧高収量プロジェクト

　食糧安全は常に国民の生活にとって最重要課題である。中国の将来における食糧安全確保のため、2005年の「中央一号文件」に、スーパーライス普及に関する内容が盛り込まれた。その後、さらに「政府活動報告」でも言及されたことで、食糧生産の発展に対する党中央委員会と国務院の決意が国民に示された。報告ではあらゆる措置を講じて、農作物の収穫量および農家の所得を共に向上させ、社会主義新農村建設を推進することが強調された。党中央委員会と国務院は、食糧生産の大きな発展、農産物供給の保障、食糧栽培面積の実質的な安定、単位面積当たりの生産量レベルの向上を「三農（農業・農村・農民）」政策の最優先事項として位置付けた。これにより、袁隆平は責任の重さをより深く感じるようになった。
　戦いに戦略的思考が必要であるのと同様に、科学研究においても戦略的思考が必要である。1980年代半ば、袁隆平はハイブリッドライスの開発に関する戦略的思考を3段階に分けて提唱し、その正確さは今に至るまで実践を通じて

証明されている。袁隆平はハイブリッドライス分野における優れた戦略家として、その戦略的頭脳を用いたリーダーシップで研究を一歩一歩前進させただけではなく、中国の稲作に世界トップレベルの地位を維持させ続けた。また、スーパーハイブリッドライスに関する研究成果の実用化においては、鋭敏な考え方と調整力を生かし、国家のニーズとハイブリッドライス発展の現状を有機的に結び付け、総合的な取り組みを行った。その結果、独立した知的財産権を持つハイブリッドライスはその成果により人々に恩恵をもたらした。

　袁隆平は「どのくらいの食糧で、どのくらいの人口を養えるか」について、綿密な計算を行った。中国における食糧安全保障ラインは4億7千万トンであり、全国のイネ作付面積は4億5000万ムー（3000万ヘクタール）である。スーパーライスを大規模に普及できれば、現在の高収量ハイブリッドライスと比較して1ムー当たり50～100kgの増収が期待できる。毎年スーパーライスの作付面積を1億ムー（約667万ヘクタール）増やすと仮定すると、1ムー当たり150kgの増収が見込まれ、1年で150億kg分の増収が可能となる。これは中国の中規模省の年間食糧生産量に相当し、4000万人分の人口をさらに養うことが可能になる。

　このような背景のもと、人口増加に伴う農地の減少という深刻な状況とスーパーハイブリッドライスの著しい進展に鑑み、袁隆平は2006年末、「種三産四」多収穫プロジェクトの実施を提起した。これは、スーパーハイブリッドライスの技術的成果を十分に活用し、作付面積3ムー（約20アール）から、従来のハイブリッドライス4ムー（約27アール）分を収穫する計画である。袁隆平はこの「種三産四」多収穫プロジェクト構想に基づき、政府、科学研究機関、企業の3者による計画の共同推進および実施を求めた。5年で作付面積を6000万ムー（400万ヘクタール）拡大し、8000万ムー（約533万ヘクタール）分の食糧の収穫を可能にすれば、作付面積の4分の1に相当する2000万ムー分（約133万ヘクタール）の耕地の増加に相当し、100億kgの食糧増収が実現できると説明した。これは科学技術の進歩により単位面積当たりの収量の増加を通じて、スーパーハイブリッドライスの3ムー分の栽培で、従来の4ムー分の収量の実現を意味し、食糧安全を保障できるだけではなく、農民

2006年、袁隆平は「種三産四」多収穫プロジェクトの実施を提案し、これまでのスーパーハイブリッドライスに関する研究成果の生産力への転換を推進した

を豊かにする条件を作り出せると明らかにした。

　この十数年におけるスーパーハイブリッドライスの普及を通じ、「種三産四」多収穫プロジェクトは技術的にすでに成熟期を迎えていた。袁隆平は「種三産四」多収穫プロジェクトの具体的な実施について、最優良品種と栽培技術を総合的に活用して増収を目指すべきだと主張した。単位面積当たりの収量向上は、科学技術によってのみ達成される。その中でも「良い品種＋良い方法＋良い水田＋良い生態環境」の組み合わせの重要性を強調し、特に良質品種の使用が高収量実現の核になると説明した。中国が栽培するスーパーライスの品種はすでに数十種類に及び、この条件は満たされている。また、良質の水田を選択することが高収量実現の基礎となる。中国では耕地の半分以上が中程度および低生産力の農地である。そのため、国が巨額の資金を投入し、農地水利施設の基礎工事と中程度および低生産力農地の造成工事を進め、農作物の高収量と安定した生産の実現に向けた基盤作りが、現在進められている。2007年、中国共産党湖南省委員会および省政府から高い評価と支持を受けたことにより、「種三産四」多収穫プロジェクトが湖南省内の20県で先駆けて実施された。10年にわたる努力を経て、2016年までに湖南省の53の県と市において、総面積1337万5千ムー（約89万2千ヘクタール）に及ぶプロジェクトが実施され、籾の総増収量は16億5千万kgに達した。また、湖南省の5つの異なる生態系を対象に、それぞれに適した栽培モデルが研究され、湖南省全体へのプロジェクト普及に有利に働き、結果として湖南省の食糧総生産量は安定的に300億kgにまで達した。その後、安徽省、河南省、広東省、広西省、雲南省、貴州省等も後に続き、「種三産四」多収穫プロジェクトが積極的に実施された。作付面積が仮に全国で6000万ムーにまで及ぶと、8000万ムー分の食糧が収穫可能になる。つまり、作付面積が2000万ムー増加することと同義になる。

「種三産四」多収穫プロジェクトのモデル拠点で実施状況を視察

栽培現場の農業技術員と親しく握手

「種三産四」多収穫プロジェクトは、体系的な社会プロジェクトであるため、多くの農民が関係し広く恩恵を受けた。さらに、超高収量スーパーハイブリッドライスが持つ収量潜在力を大規模面積での超高収量へと転化させることで、農民に収量増加による増収を実現させ、予想をはるかに上回る食糧増収効果がもたらされた。

2008年10月16日、第11期全国政協常務委員会第3回会議で、スーパーハイブリッドライスの「種三産四」多収穫プロジェクトの実施により、穀物栽培の経済効率性を高め、国家の食糧安全保障を確保することを力強く提起

スーパーハイブリッドライスの成果を応用したもう1つのプロジェクトが、「三一」食糧高収量プロジェクトである。スーパーハイブリッドライス技術を応用し、「三分田」(約2アールの土地) で食糧360kgを生産し、1人当たりの1年分の食糧をまかなうプロジェクトである。「三一」食糧高収量プロジェクトは2012年以来、すでに湖南省、広西省、広東省等において行われた実証試験で基本的な成功を収め、その効果はさらに明らかになった。2016年、湖南省の18の県と市で、3パターンの実証試験がそれぞれ行われた。中心となる実証エリアの総面積は7700ムー(約513ヘクタール) に達し、総推進面積は98万4千ムー(約6万6千ヘクタール) に及ぶ。袁隆平は、湖南省が「三一」食糧高収量プロジェクトの実施を通じて、2020年から第3代ハイブリッドライスの試験栽培を開始し、二期作方式で早稲1ムー当たり400kg、晩稲1ムー当たり800kgの収量を実現させることで、年間1ムー当り1200kgの収量実現を目標とした。さらに3年以内に農地面積を1250万ムー(約83万ヘクタール) まで拡大させ、食糧生産量を150億kgまで向上させることを主張した。つまり、湖南省の4分の1の耕地で、湖南省全体の収量の2分の1に当たる食糧を生産し、さらに4000万人分を多く養うことを可能にするのである。これは、湖南省の食糧総収量の安定、生産力の向上および湖南省食糧産業の供給面の構造改革の推進、省全体の食糧生産量および質の高い供給の保証に対し、重要な意義を持った。

袁隆平はハイブリッドライス研究開発チームを率いて、スーパーハイブリッドライスに重点を置いたスーパーハイブリッドライス高収量計画、スーパーハイブリッドライス「百千万」高収量計画モデルプロジェクト、スーパーハイブリッドライス「種三産四」多収穫プロジェクトおよび「三一」食糧高収量モデ

ルプロジェクトという四大国家食糧多収穫科学技術プロジェクトの実施面において、すでに良好な効果をあげ、湖南省食糧生産能力の向上、「富民強省」（民を富ませて省を強くする）および食糧安全保障に対する重要な科学技術支援を提供した。

アルカリ性土壌を開拓して食糧の収穫をあげるという新たな挑戦において、袁隆平は中国にある十数億ムー余りの

2009年、科学技術幹部を率いて圃場を視察

不毛のアルカリ性土壌のうち、1億ムー余りのアルカリ性土壌に干潟が含まれ、水源があることにイネ栽培の可能性を見出した。これら水源のあるアルカリ性土壌を利用して、耐塩性を持つイネの研究を行うことは、単位面積当たりの収量を向上させるだけではなく、食糧増産を図る戦略的措置でもある。つまり、アルカリ性土壌を開拓することで栽培面積を広げ、食糧増産という目的を達成するのである。袁隆平チームはすでに、多くの有望なイネの遺伝質源材料を選別している。すでに育成したスーパーハイブリッドライスと第3代ハイブリッドライスの中には、幸いにも一定の耐塩性を有する品種があった。2020年、江蘇省南通市如東県沿岸部の干潟で、スーパーハイブリッドライス「超越千号」の試験栽培が75ムー分（5ヘクタール）の面積で行われ、十分な降雨量がある状況下で、1ムー当たり802.9kgの生産量を記録した。

2.「三農」問題にもたらされた喜ばしい知らせ

党中央委員会と国務院が「三農」問題を非常に重視していたことから、袁隆平も「三農」問題に常に関心を寄せていた。袁隆平にはある体験があった。スーパーライスの収量測定に行った時に、農民の1人が「あなたはコメを増収させたが、コメの価格は下がり、私たちはお金を稼げないままだ」と詰め寄ってきたことである。袁隆平は「食糧価格が安すぎると、農民を苦しめる」と痛感した。この出来事は、全国政協第6、第7、第8、第9、第10、第11、第12期の常務委員でもあった袁隆平の心を大きく揺さぶり、全国政協会議の場で「食糧価格に関する提言」をテーマに発言を行った。国は市場価格、あるいは最低保証価格に基づいて食糧生産農家から食糧を購入する以外にも、政府は食糧生産農家に対して、一定額の補助金を直接交付するように提言した。袁隆平は国が

より高い値段で食糧を買い取り、公定価格で市場に供給することが可能であると考えた。そして、食糧価格を安定させることで、食糧価格の上昇がその他の物価上昇を引き起こすことを防ぎ、さらに食糧生産農家に比較的豊かな実利が行き届くようになれば、農民の食糧栽培に対する積極性が促されると考えたのである。

　袁隆平は、貧困に苦しむ農家を非常に気にかけ、中央政府の指示する「精準扶貧」（精密かつ正確な貧困対策）の精神を忠実に実践していた。袁隆平はかつて「農民が農地から完全に解放されることを願っている。農民は少なければ少ないほど良い。農民が多いと、『小康』（ややゆとりのある生活）を実現することはできない。私たちの先進技術を利用することで、食糧の単位当たりの収量を大幅に増加できれば、食糧総生産量が確保されるという前提のもとで、一部の農村労働力を解放できる。我が国の現代農業を発展させ、少なくとも50％の農民が農地から離れられるようにしたい」と考えを語った。この構想を実現させるため、袁隆平は人々の利益を自身の政治協商会議における職務遂行の出発点および立脚点とした。袁隆平は湘西貧困地区の貧困対

2007年、食糧安全に対して高い意識を持ち続けていた袁隆平は、全国政協第十期第五回会議期間中、食糧価格を上げることで農民の食糧栽培に対する積極性を引き立てることを提唱した

2020年9月、中国工程院の朱有勇院士は、長沙市で袁隆平を表敬訪問した。袁隆平は、中国工程院が雲南少数民族地区瀾滄県で取り組む貧困対策に対する積極的な支持を表明し、併せてスーパーハイブリッドライス5トンを寄贈して、瀾滄県への貧困対策および農村活性化事業を支援した

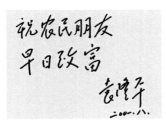

2001年8月、『致富快報』に袁隆平が寄せた題字

策のために、龍山県、永順県、鳳凰県等に貧困支援の場を設けると、毎年、面積100ムー、あるいは1000ムーのスーパーハイブリッドライスモデル圃場をそれぞれ若干数配置し、長年にわたってきわめて顕著な増収効果を上げてきた。湘西の龍山県にある100ムーの試験圃場では、農業部が実施したプロジェクトである中国スーパーハイブリッドライス第2期目標生産量がいち早く達成され、湖南省および全国に大きな影響を与えた。現地政府はスーパーハイブリッドライスにより、湘西地区には農業および栽培業の仕組みが整備され、貧困から抜け出し豊かになる道が与えられたと明らかにした。

　時代の進歩とともに、中国は巨大な船が大海原へ向けて出航するかのように「2つの百年」の奮闘目標のうち、貧困を脱却し「小康社会」を全面的に築き上げるという目標に向かっている。袁隆平は中国工程院の院士として、貧困地域の食糧生産と貧困脱却を常に考え、積極的に行動に移した。当時の模範的人物であった中国工程院の朱有勇院士と共同で、農村活性化事業の支援を実施した。2020年10月、雲南省の辺境地である「直過民族」（新中国成立初期に原始社会から社会主義社会に直接入った少数民族）貧困地区瀾滄ラフ族自治県に対して、袁隆平は最新品種であるスーパーハイブリッドライスの種籾5トンを寄贈し、現地の貧しい農民が「小康」を目指す意欲や自信を奮い起こした。袁隆平が寄贈したスーパーハイブリッドライスは、瀾滄県にある9つの集落のモデル圃場で栽培されている。辺境地帯に住む貧困層の少数民族の人々は、豊作が一歩一歩実現されていくことを固く信じている。

2020年、「直過民族」貧困地区雲南省瀾滄ラフ族自治県に対し、袁隆平はスーパーハイブリッドライスの種籾を寄付した

3.　国と世界が関心を寄せる食糧安全問題

　農業大国および人口大国として、中国の食糧問題は世界中の関心を集めている。1994年、米国のアース・ポリシー研究所のレスター・ブラウン所長は著書『だれが中国を養うのか？』の中で、1990年から2030年の間に中国の継続的かつ急速な工業化の実現に伴う農地の大規模な減少、日増しに深刻化する水資源問題、人口増加問題、さらには人口が多く土地は少ないという矛盾が一層顕在化し、食糧の自給自足が不可能になると仮定した。ブラウンはさらに、

2030年までに中国の人口は約16億3000万人に達し、1日に1人当たりが必要とするコメの量を400gとして計算した場合、6億5100万トンの食糧が必要になると同時に、中国の耕地面積は年間数百万ムーのペースで減少するとした。さらにその頃には中国の食糧生産量が2億7300万トンまで減少し、3億7800万トンの食糧の輸入が必要となることで、世界的な食糧不足と価格の暴騰が誘発されると予測した。ブラウンは、飢餓に苦しむ中国が国内に多くの社会問題をもたらすだけではなく、世界にも影響を及ぼすと結論づけた。さらに、21世紀初頭には、中国が国外から大量の食糧を輸入することで、世界的な食糧価格の高騰と食糧不足を招き、さらには食糧危機がもたらされると予測した。中国人を養える国はない——これがブラウンの出した結論であり、書名自体にも、将来一体誰が中国人を養えるのかという大きな懸念が含まれていた。

　米国の経済学者であるブラウンは、中国の毎年の人口推移や土地の面積増減、水資源などの中国事情に精通していたため、その著書『だれが中国を養うのか？』の論拠は非常に充実していた。ブラウンは警世の意を込めて現実的な問題提起を行い、その役割を果たすように望んだ。ブラウンは本書を通じて各国の指導者たちに対し、戦争準備や武器製造に財源を使うのではなく、食糧生産や農業の発展を重要視すべきだと呼びかけた。

袁隆平は常に食糧の安定供給を念頭に置いていた

袁隆平に感謝の気持ちを伝える農家の人々

　しかし、ブラウンの最大の弱点は、科学技術の進歩に秘められた農作物の生産性向上に対する巨大な潜在力を軽視したことにある。農業における科学技術の進歩は、まさしく食糧増収を支える第一の生産力である。袁隆平は科学技術の進歩と運用によって、コメの生産量を飛躍的に高め続けられると考えた。この20年来、スーパーライス第1期、第2期、第3期、第4期の目標はすでに連続して達成された。現時点で、スーパーハイブリッドライスは一期作モデルエリアの一部で、1ヘクタール当たり16～17トンの籾を生産しており、現在は1ヘ

クタール当たり18トンの大台突破を目標とする。袁隆平は永続的に高収量を追求するべきであり、その他の食糧にもイネと同様に素晴らしい将来性があると考えた。農作物の生産量を向上させるための技術的な潜在力は大きく、技術進歩の一つひとつが食糧増産や食糧安全保障に重要な役割を果たしている。21世紀に入って久しいが、ブラウンの予言は現実にはなっていない。中国人は満足に食べられるようになっただけではなく、その食事内容も充実してきた。さらに中国は「食糧不足大国」のイメージを一新し、世界の脅威とならなかったばかりか、世界の食糧安全に対してより一層の貢献を行っている。ブラウンの問いかけに対し、袁隆平は中国人を代表して丁重に次のような答えを示した――「中国人は食糧問題を自ら解決できるだけではなく、さらに、発展途上国が抱える食糧問題の解決のための支援も可能である」

　しかしながら袁隆平は、食糧問題を軽視してはならないと常に関心を寄せていた。食糧は常に戦略物資として重要であり、適度な備蓄を用意する必要があると考えていたからである。2004年、食糧価格がわずかに上昇したことで社会的な騒動が起きた。その年の3月、全国人民代表大会と中国人民政治協商会議の場で、全国政協常務委員であった袁隆平は「我が国の食糧安全問題の重要性について」と題してスピーチし、4点の提言を行った。その4点とは、第1に、自力更生による食糧安全戦略を維持すること、第2に、食糧安全保障に対する科学技術の役割を十分に発揮させること、第3に、

農家の人々が袁隆平に送った「今日神農」と書かれた額

袁隆平に土産を送る農家の人々

一定規模の栽培面積を保障すること、第4に、農家の食糧栽培に対する積極性を効果的に保護および向上させることである。

2006年1月1日をもって国連は中国に対する食糧援助を打ち切った。これは、26年間に及ぶ中国の食糧援助受け入れの歴史に終止符が打たれ、そして中国が世界の主要な食糧支援国となったことを意味する。中国は世界の耕地面積の1割にも満たない農地で、世界人口の2割余りを支えている。これは奇跡だといえるだろう。しかし、中国は14億人余りの人口を有する国であるため食糧の余剰が生じることはない。食糧問題は、常に中国人の頭を縛り付ける「金箍（かなたが）」のようなものであり、自ら解決するよりほかはない。この問題について、袁隆平は常に懸念を抱いた科学者であり、冷静な頭脳で向き合った。科学技術の進歩によって食糧生産量を向上させることが、必然的な選択であると信じていたからである。

2004年、全国政協第十期第二回会議において、「我が国の食糧安全問題の重要性について」をテーマにスピーチを行った

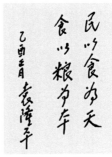

袁隆平による題字

工業化、都市化および現代化が加速する現在の中国において、耕地保護と土地開発の間での矛盾は激化している。この現状に対して、習近平総書記が「中国人の飯茶碗は、どんな時でも自らの手でしっかりと握らなければならない」と指示したように、中国の科学者は自らの力で解決策を導き出す必要がある。政策的要因以外に、袁隆平は2つの方法を考えた。第1に、都市化により耕地が日々減少しているため、農家がより少ない土地でより多くの人々を養うために必要な食糧の生産を可能にすることである。このためには「蔵糧于技」（科学技術の進歩による食糧増産）が必要である。第2に、耐塩性を持つイネの品種改良およびアルカリ性土壌を利用した開発の推進である。これらは、耕地面積の拡大と食糧増収に有利な方法である。

2020年、新型コロナウイルスの世界的な流行によって、国の重要課題として食糧安全保障問題が浮き彫りとなった。種子産業は農業の「ICチップ」といえ、さらに「中国人の飯茶碗は主に中国産食糧で満たされる」ことを確実に

保証するための基盤でもある。2020年に開催された中央経済工作会議では、「種子資源『ボトルネック』解消技術開発推進」が提起された。袁隆平は、中国の飯茶碗が主に中国産食糧で満たされることを保証するためには、主に中国産の種子が使用されるべきであると考えた。そして、ハイブリッドライスは中国の独立した知的財産権を持つ重要な種子産業として、さらなる進歩を追求し、新品種や新技術への研究を進めていく必要があると強調した。

　袁隆平は国家食糧安全問題および食品安全問題に対する強い責任感を持ち、袁隆平の科学研究チームは第3代ハイブリッドライスの研究開発に成功を収め、耐塩性を持つイネおよび低カドミウム米の育種方面でも次々と進展を遂げた。ハイブリッドライスの育種において、単位面積当たりの収量向上を引き続き第一目標とし、さらにハイブリッドライスの新技術研究を強化して高いレベルまで生産量を向上させている。今後も継続して、食糧安全の保障に重要な役割を果たしていくことが見込まれている。

　科学技術の進歩に終わりはない。理論上、つまりイネの光利用効率の観点から見ると、イネには依然として膨大な収量向上の可能性が秘められている。袁隆平は「私自身が可能である限り、スーパーハイブリッドライスの1ヘクタール当たりの収量で18トンを達成させ、より高い目標に向けて努力し、私の『穂陰で涼む夢』を実現するまで奮闘を続けたい」と意気込みを語った。

2017年、湖南省湘潭市河口鎮の試験圃場で、専門家と共に低カドミウム米の生育状況を視察

2017年、低カドミウム米改良系の指標状況を視察

第12章

国の重宝、尊き勲功

1978年、全国科学大会に出席した袁隆平

袁隆平は「全国科学大会」を懐かしく思い出してはよく話題にあげた。全国科学大会は「文化大革命」が終わって間もない1978年3月に開催され、科学の春の訪れをもたらした。袁隆平はその時のことを次のように回顧している――「大会に出席し、鄧小平同志の演説を実際に聴けて本当に光栄だった。小平同志は、マルクス主義の基本的観点である『知識人は頭脳労働者であり労働者階級の一員である』ことについて重ねて言及した。知識人に貼られていた数々のレッテルも外され、知識人は敬意を持たれるようになった。私は共に大会に出席した全国の大勢の知識人と同じように、演説を聴いて心が晴れやかになり、とても感激した。肩の荷が下りたのと同時に、励ましを受けた気持ちになった。私たちは科学の春の到来に思い切り喜びの声を上げ、さらに知識人の春の訪れにも歓喜した」

　全国科学大会の場で、鄧小平は「科学技術は生産力である」との科学的な考え方を強調した。ハイブリッドライスの育成および応用も、鄧小平のこの考え方の裏付けとなっていた。中国は1964年にイネの雑種強勢利用に関する研究を開始すると、1974年には雑種強勢が顕著なハイブリッドライスの開発に成功し、1976年には実用化され普及に至った。この科学技術の成果は「自家受粉作物には雑種強勢は見られない」という従来の定説を覆し、遺伝育種の理論と技術内容をより充実させただけではなく、イネの収量を大幅に向上させ、コメ増収へ向け有効な道を新たに切り開いた。ハイブリッドライスの収量は、一般的に従来種より20％多い。2018年までに、ハイブリッドライスの全国合計作付面積は6億ヘクタールにのぼる。合計8億トンの増収が見られ、きわめて大きな経済効果と社会的利益を生みだし、中国の食糧自給国家の実現に重要な役割を果たした。この事実は、科学技術が第一の生産力であり、科学技術の進歩が経済および社会発展の強力な原動力であることを雄弁に物語っている。

　袁隆平はこれまで歩んできた道のりを振り返り、ハイブリッドライス研究の成功は、いずれの段階でも党の配慮と叱咤激励がなければ達成できなかったと深く実感していた。「文化大革命」期には、あらゆる分野の活動が程度の差は違えども打撃を受けた。しかし、国家科学技術委員会はハイブリッドライス研究のために、湖南省科学技術委員会および安江農業学校に対して文書を発出し、袁隆平のハイブリッドライス研究プロジェクトへの支援を求めた。1967年、

湖南省科学技術委員会はイネの雄性不稔研究プロジェクトを立ち上げ、さらに特別研究資金を支給した。1970年代初頭には、ハイブリッドライス研究に関する全国的な協力体制が構築されるようになり、袁隆平の研究が大きな困難に直面しても、党や政府がハイブリッドライス研究への支援をやめることはなかった。

1999年10月1日、袁隆平は建国50周年に際し、北京の天安門城楼へ招待された

　1984年に設立された湖南ハイブリッドライス研究センターは、世界初かつ今もなお唯一のハイブリッドライス専門の科学技術研究機関であり、1995年には国家ハイブリッドライス工程技術研究センターも設立された。30年以上にわたって、党と政府からの高い関心と重点的な支援を受け、すでに国内外において権威あるハイブリッドライスの研究開発機関へと成長した。現在はさらに、国際的なハイブリッドライスの研究開発センター、リソースセンター、情報センターおよびトレーニングセンターへの成長を目指している。袁隆平は生涯を通じて「ハイブリッドライスを発展させることで、世界の人々を幸せにする」という目標を追求し、湖南ハイブリッドライス研究センターを未来に向けて、発展させ続けた。

　1986年10月、長沙市で開催された第1回ハイブリッドライス国際学術シンポジウムの場で、袁隆平はハイブリッドライスの発展的戦略構想を提起した。品種間での三系法雑種強勢利用から、亜種間での二系法雑種強勢利用に切り替え、さらに二系法から一系法へ移行し、遠縁交雑種の強勢利用を追求するという構想である。この大胆な科学的構想は、ハイブリッドライスの発展を図る上での指針となり、世界の農業科学技術界から「袁隆平構想」と称えられた。当時の国家科学技術委員会および中国農業部は、袁隆平の提起したこの戦略構想を非常に重視し、直ちに二系法ハイブリッドライスの研究を国家「863」計画のバイオ技術分野の第1号プロジェクトに位置付けた。袁隆平はその首席専門家として、全国の共同研究を主導した。

　1989年6月16日、鄧小平は中央政府幹部との会話の中で「農業問題は研究される必要があり、最終的には科学が農業問題を解決するだろう。湖南省の稲作は、以前は15〜20％の収量増加が見られたが、最近の新しい発見により、さらに20％の成長が可能だと示された。これは潜在力が依然として大きいことを証明している。科学は素晴らしく、重視する必要がある」と意見を述べた。

鄧小平がここで言及しているのは、二系法ハイブリッドライス研究が遂げた重要な進展のことである。その後、習近平、江沢民、胡錦涛、李克強、李鵬、温家宝、賈慶林等の党と国家の指導者が、相次いで湖南ハイブリッドライス研究センター、国家ハイブリッドライス工程技術研究センターおよび科学研究試験基地を直接訪れて視察と指導を行い、高い関心と大きな支持を示した。

1991年3月16日、江沢民中国共産党中央委員会総書記・中央軍事委員会主席が、湖南ハイブリッドライス研究センターを特別訪問し、袁隆平を始めとする農業科学専門家と面会し、さらに議論を交わした。報告を聞いた江沢民は、「研究センターのハイブリッドライスの視察を通じ、農業への希望も見えた。中国は耕地面積が少なく、収量の10％の増加は、実質的に耕地面積を10％増やすことに相当する。科学技術による農業の発展には、大きな潜在力が秘められている」と喜びを隠さなかった。

2003年10月3日、胡錦涛中国共産党中央委員会総書記・国家主席は、袁隆平が統括する国家ハイブリッドライス工程技術研究センターを特別訪問し、スーパーハイブリッドライスの品種選択および栽培育成プロジェクトの進捗状況を入念に視察した上で、袁隆平研究チームによる多大な貢献を全面的に評価した。胡錦涛は「食糧問題は経済安全保障や国民生活に関わる重大な戦略問題であり、いかなる時も手を緩めてはならない。厳格な耕地保護制度と、農業、特に食糧生産能力の保護と強化、さらに科学技術による食糧収量の潜在力の発掘が必要である。政策措置を着実に実施し、食糧生産地域および食糧生産農家の積極性を十分に引き出すことで、国家の食糧安全を確保しなければならない」と強調した。

15年後の2018年3月25日、胡錦涛は海南省三亜市海棠湾に位置する国家ハイブリッドライス工程技術研究センターの南繫基地で、15年ぶりに袁隆平と再会すると1枚の写真をポケットから取り出した。それは15年前に国家ハイブリッドライス工程技術研究センターを訪れ、試験圃場で袁隆平と共にハイブリッドライスを仔細に視察した時に撮影された写真だった。まるで時間が凝縮されたかのように、胡錦涛のハイブリッドライスの革新的研究に対する関心は変わっておらず、食糧増収に大きな貢献を果たす袁隆平を改めて高く評価した。

2018年4月12日、習近平中国共産党中央委員会総書記・国家主席・中国共産党中央軍事委員会主席は、海南省成立30周年という特別な節目に、海棠湾に位置する国家ハイブリッドライス工程技術研究センター海南南繫科学研究試験基地を訪問し、生育状況の視察を行った。習近平は、袁隆平ら農業科学技術の専門家と畦道を歩き、スーパーハイブリッドライス「超優千号」のモデル圃

場に入ると、袁隆平と共にスーパーハイブリッドライスの作柄を観察し、イネの収量やスーパーライスの品質、耐塩性のあるイネの育種やハイブリッドライスの海外展開等の状況を把握した。習近平は「南繁」事業に大きな関心を寄せ、稲作農家の利益向上に繋がる農業科学研究事業の発展を奨励し、改めて「10億人を超える人民への食糧供給問題を解決することは、我が国最大の課題である。良質な種子は、食糧増産に重要な役割を果たす。我々は国内の種子産業を発展させ、独立した知的財産権を持つ優れた品種を育成し、国家の食糧安全保障を根底から確保する決意をしなければならない」と強調した。

　早くも2013年4月28日、習近平が全国模範労働者代表との座談会に出席した際に、袁隆平は「穂陰で涼む夢」「ハイブリッドライスで地球を覆う夢」の2つの夢を実現したいと語っている。習近平は、袁隆平がスーパーハイブリッドライスの研究において達成した新たな進展を非常に称賛するとともに、中国と世界の食糧安全に果たした重要な貢献を高く評価した。さらに袁隆平が自身の夢を追求することにより、中華民族の偉大な復興という「中国の夢」の実現に尽力するように激励した。

　食糧問題は国民の生活に密接に関わるため、非常に敏感なテーマである。そのため1990年代以降、歴代の4代にわたる国務院総理からもハイブリッドライスの発展にきわめて高い関心が示されてきた。各総理の袁隆平に対する支援の陰には、心を打つ物語があった。

　1つ目の物語は1994年12月16日、李鵬中国共産党中央政治局常務委員・国務院総理が湖南ハイブリッドライス研究センターを視察した時のことである。袁隆平が国家ハイブリッドライス工程技術研究センター設立提案に関する意見具申を行うと、李鵬は強い支持を表明して報告書に同意し、直ちに1000万元の付与を許可した。その後、報告書を手に取って掲げ、その場にいた国家計画委員会、国家科学技術委員会、湖南省の責任者たちに対して、「ご覧の通り私はもう承認したが、君たちはどうするかね」と声をかけたところ、同行していた国家開発銀行の姚振炎総裁が500万元の融資を表明した。こうして国家ハイブリッドライス工程技術研究センターの設立が実現し、研究棟、分子育種実験棟、研修棟、科学技術館、人工気象室、ガラス温室等が次々と建設され、より良い研究環境が整えられた。

　2つ目の物語は1998年夏、国務院の計らいで優秀な専門家や教師が北戴河(ほくたいが)で休暇を過ごした時のことである。その中に袁隆平の姿もあった。8月13日、北京から北戴河に向かう列車の中で、袁隆平は徐栄凱国務院副秘書長、袁隠秘書三局局長と同席し談笑していた。袁隠と袁隆平が家系図を遡って話をしている

と、徐栄凱は袁隆に「『遠くの親類より近くの他人』という言葉があるように、私の方が袁先生と深い縁がある。私は重慶出身で家は南岸区にあり、袁先生が当時住んでいた下浩とは1キロしか離れていない」と話し、3人は談笑すればするほど親しくなった。袁隆平はスーパーハイブリッドライスに関

1998年8月13日、北戴河に向かう列車内

する研究報告書を、徐栄凱を通じて朱鎔基中国共産党中央政治局常務委員・国務院総理に提出することを提案した。この報告書は思いがけず朱鎔基からの高い評価を得た。翌8月14日、朱鎔基は「李嵐清、温家宝同志は、この報告書を陳耀邦、朱麗蘭同志へ指示を添えて回すこと。品種改良と遺伝子変換の研究は大変重要である。必要に応じた予算の追加配分に同意し、農業部が財政部と共に着実に実行するよう求める」との指示を出した。8月19日、朱鎔基は袁隆平が提出した同様の報告書について「王忠勇同志は、国務院がこの研究を全力で支持している旨を袁隆平に伝えること」と再度指示を出した。多忙を極める朱鎔基が1通の報告書に関して2度も指示を出したことからも、スーパーハイブリッドライス研究が非常に重視されていたことがわかる。やがて国務院は、袁隆平のスーパーハイブリッドライス研究の支援のため、特別資金1000万元の支給を決定した。

　3つ目の物語は2005年8月13日、温家宝中国共産党中央政治局常務委員・国務院総理が国家ハイブリッドライス工程技術研究センターを訪問し、視察した時のことである。温家宝は降車するなり袁隆平の方へ歩み寄ると、固く握手を交わして、「前回は袁先生が私の事務所へ会いに来られたので、今日は私が袁先生の水田へ会いに来た。袁先生が研究するスーパーライスは、科学的価値が高いだけではなく、中国人が抱える自給自足問題の解決にも大きな貢献をしている。今では、スーパーライスの科学的価値は国内のみに留まらず、世界にまで影響を与えている。私が東南アジア数カ国の首脳と会った時は農業協力問題にも話が及び、スーパーライスの発展に関する協力を求められた……袁先生は中国人に対してだけではなく、国を超えて世界の人々へも貢献している」と語りかけた。その日はちょうど袁隆平の誕生日であり、それを知った温家宝は袁隆平との記念撮影を提案し、2人は固く握手をして写真を撮った。視察を終えると、温家宝は袁隆平と3回目になる握手を交わし、袁隆平に敬意を表し先に乗車するようにと促した。温家宝は非常に親しみやすく、人間味溢れる人柄を

持つ。その日の夜、袁隆平の誕生祝いのために誕生日ケーキを届けさせた。その後、温家宝によりハイブリッドライスイノベーションプロジェクトのため、2000万元の支援が行われた。

　4つ目の物語は、李克強中国共産党中央政治局常務委員・国務院総理のハイブリッドライス事業に対する支持である。2014年1月17日、袁隆平は北京に招待され、李克強が主催する「政府工作報告（意見募集稿）」に関する座談会に出席した。袁隆平はハイブリッドライス事業促進および「三農」発展の観点から、食糧購入価格の引き上げと食糧補助方法の改善を提案した。会が終わると李克強は袁隆平と握手を交わしながら、「袁先生が提案したハイブリッドライス研究開発促進に関する各要求を積極的に支持する。袁先生のために『直通列車』を開通しよう。スーパーハイブリッドライスは100ムーの領域だけではなく、1000ムーあるいは1万ムーの領域でも展開する必要がある」と話した。袁隆平は、李克強のこの言葉について深く思考を巡らせた。そして、スーパーハイブリッドライスの科学的研究成果を棚上げにしておくのではなく、さらなる研究の強化と、より広い範囲での実証試験を行い、多くの農家にその効果を示す必要性に気づいた。袁隆平は長沙市に戻ると直ちに「百千万プロジェクト」の実施に着手し、全国への100ムー、1000ムー、さらには1万ムーの試験圃場設置を開始した。

　袁隆平は歴代総理から支給された数千万元に及ぶ経費を自分の研究費として使用するのではなく、全国のあらゆる地域の協力団体と一貫して共有し、共同で研究を進めた。

　3年の努力の末、2016年までに南部の16の省、区、市において、100ムーの試験圃場60カ所、1000ムーの試験圃場33カ所、1万ムーの試験圃場11カ所を含む100カ所以上の試験圃場が設置され、スーパーハイブリッドライスの新品種7種の実証栽培が行われた。「良い品種、良い方法、良い水田、良い生態環境」に基づいた技術戦略である4つの「良」を用いた結果、栽培規模が異なる3種類の試験圃場においてそれぞれ顕著な成果をあげ、核となる優れた実証結果および普及効果の創出に成功した。

　さらに袁隆平を感動させたのは、2019年3月28日、ボアオ・アジア・フォーラムの年次総会に出席するため、開催地である海南省を訪問した李克

傑出した卒業生である袁隆平のために、母校の西南大学が制作した彫像

第12章　国の重宝、尊き勲功　171

強が、多忙なスケジュールの中で会見を実現させたことである。李克強は、袁隆平が提案した「耐塩性イネ研究開発の積極的な推進」を非常に重視し、特殊品種である耐塩性を持つイネの生育状況から試験圃場の設置状況に至るまで、袁隆平が語る一言一句全てに熱心に耳を傾けた。投入産出比および耐塩性を持つイネの生産量と品質に関するまで理解を一つひとつ深めると即座に「その考えは大変素晴らしい、支持しよう」と表明した。李克強はさらに、アルカリ性土壌の土地自体を改良することにより、アルカリ耐性に優れた特性を持つ品種との組み合わせが可能になれば、国家の食糧安全保障に大きな意義があると強調した。「これは実に素晴らしいことだ。小さな投資で、大きな収穫を得られるだろう」と、90歳という高齢にも関わらず、コメの研究および食糧安全の重要性について考え続ける袁隆平を高く評価した。「袁先生は中国だけではなく人類の食糧問題を解決し、多大な貢献を果たした。今なお国家の食糧安全について考えているとは大変意義がある。現在、世界貿易機関の交渉に関して、農業は依然として重要な問題である。我々は国家の食糧安全を守るための取り組みをより強固にする必要がある」と袁隆平に伝えた。この挑戦的な技術イノベーション計画は、8年以内に約1億ムーの耐塩性を持つイネを栽培し、1ムー当たりの収量を300kgとして計算した場合、年間300億kgの籾が生産されることを意味した。これは湖南省の年間食糧総生産量に相当し、8000万人以上の人口を養うことを可能にした。塩耐性を持つハイブリッドライスの品種改良における優れた成果は、国家の食品安全保障に対する信頼度をさらに高め、世界の注目を浴びることとなるだろう。

現在、国家耐塩性イネ技術イノベーションセンターは全国から優れた研究力を結集させ、建設が進められている。

2019年3月28日、李克強総理はボアオ・アジア・フォーラムの年次総会に出席し、袁隆平と会見した。袁隆平はその時、「国家海水イネ研究開発センター設立の申請に関する報告書」を提出した

2020年4月、国家耐塩性イネ技術イノベーションセンター試験現場見学および建設推進会に出席

第13章

先人の知恵を受け継ぎ、教育を重んじる

教育を重んじる家庭に生まれ育ち、人材育成の重要性を理念として受け継いだ袁隆平は、ハイブリッドライス技術の継承とイノベーションにおいて、人材こそが事業の成功の鍵を握ることを深く理解していた。そして、学術リーダーとして、人材育成とそのための体制構築に取り組む必要性を感じていた。
　イネの雄性不稔研究が始まった当初、袁隆平は安江農業学校の卒業生の中から李必湖と尹華奇を助手として選び、専門知識の学習に重点を置くだけではなく、世界の科学技術情報にも目を向けるように指導した。そして、2人に英語の習得を求め、時間を見つけて補習授業を行った。1970年代初頭、ハイブリッドライスの三系法が確立されると、袁隆平は相次いで2人を武漢大学、湖南農学院へと送り出すことで、造詣をより深められるように取り計らった。その後、ハイブリッドライス技術の指導者として、2人を海外へ数回派遣した。李必湖と尹華奇は共にすでに退職しているが当時、ハイブリッドライス研究の技術分野における中心メンバーとして研究員に昇格し、ハイブリッドライス分野で活躍した。大規模な協働活動が行われていた当時、袁隆平は小さな黒板で授業を行い、ハイブリッドライスの交配技術に関する知識と経験を惜しみなく、全国各地から集まったハイブリッドライスの技術員たちに教えた。彼らはその光景を生涯忘れることはないだろう。のちに羅孝和、周坤炉、黎垣慶、郭名奇、朱運昌など教えを受けた技術員は皆、著名なハイブリッドライス専門家になっている。
　袁隆平は将来の農業科学技術について、従来の技術に頼っているだけでは必然的に時代遅れになると深く感じていた。様々な学問分野との融合を重視しつつ、現代のバイオ技術と結び付け、さらに分子技術領域にまで深く入り込まなければ、農業科学技術の最前線をリードすることは不可能だと考えていたからである。袁隆平はこの考えに基づき分子育種学研究室の設立を提唱した。さらに高度先端技術を応用するためには、高度な専門知識を持つ人材が必要だとして、人材導入と育成にさらに力を注いだ。袁隆平が率いた湖南ハイブリッドライス研究センターの人材チームは現在、高いレベルで階層構造を形成しており、50名近くになる上級研究員が研究員全体の半数を占める。同時に、多くの修士および博士課程で研究する大学院生を育成し、科学研究レベルを大きく向上させるための人材予備軍を養成するほか、多くの若手科学技術者を相次いで海外や中国香港地区に派遣し、更なる研鑽を積ませている。また、袁隆平は米国のロックフェラー財団から中国のために生物学の奨学金を獲得すると、湖南ハイブリッドライス研究センターから優秀な若手科学技術者を選抜し、米国、オーストラリア、中国香港地区等で学ばせた。袁隆平は優秀な人材の成長のため

には、広々とした自由な境地が必要だと考えていた。思想が束縛を受けると、高い次元を目指して発展することが不可能になるからである。さらに遠くを見据えていた袁隆平は、国外へ出た人材がやがて国家の名声を高め、世界へハイブリッドライスを普及させる力になると信じていた。

袁隆平は、その進歩的な思想と先見の明により、このようにハイブリッドライス学発展の遠大な構想を描いていた。

恩師の袁隆平に「教師の日」のお祝い品を送る教え子たち

海南省三亜南繁基地の試験圃場で、科学技術員たちと一緒に検査を行う

中国におけるハイブリッドライスの長期研究のため、袁隆平は枠組みにとらわれることなく、柔軟な人材育成を行った。そのために、将来を見越し、資金を基盤とした人材育成やイノベーションを奨励する長期的プランを設計した。1987年、袁隆平は国連教育科学文化機関（UNESCO）から科学賞を受賞すると、賞金1万5000ドルを全額寄付し、袁隆平ハイブリッドライス賞財団の設立を決めた。その後、世界食糧賞を含む12万5000ドル以上の賞金を寄付し続け、寄付総額は累計で100万元以上に及んだ。この行為は大きな反響を呼び、中国共産党湖南省委員会や省政府、社会各界の支援のもと、袁隆平ハイブリッドライス賞財団は湖南省袁隆平農業科学技術賞財団へと改称された。現時点で、当該財団の資金は3000万元以上となっている。財団は2年ごとに賞の選考と授与を行っており、袁隆平農業科学技術賞の選考回数はすでに11回に及ぶ。選考対象は中国国内だけではなく、農業科学技術の研究、普及、管理、教育等の分野において顕著な貢献を果たした国外の人や機関にも及ぶ。1999年の第1回授賞式以来、国内外の20を超える団体と100名以上の個人が賞を授与され、その中には袁隆平のハイブリッドライス研究が困難だった時期にいち早く支援を行った、趙石英元国家科学技術委員会委員第九局局長も含まれている。2018年9月7日に開催された第10回および2020年11月13日に開催された第11回の袁隆平農業科学技術賞授賞式では、日本の池橋宏京都大学教授、インドのナスバイ

オ遺伝子株式会社のイシュ・クマール科学研究主任、米国のライステック社の
褚啓人最高経営責任者、同じく米国のライステック社のロビン・アンドリュー
ス前社長、マイク・グミナ現社長等、8名の国際的な著名人が表彰された。こ
れは国際的な農業科学技術界において、「袁隆平農業科学技術賞」の認知度と
評価がさらに高まったことを示している。

2004年、第3回袁隆平農業科学技術賞
授賞式

2016年、第9回袁隆平農業科学技術賞授賞式

2018年、第10回袁隆平農業科学技術賞授
賞式

2019年、湖南農業大学の秋季入学式で、教
師や生徒から歓迎を受ける

　この財団の運用益は、賞を授与するだけではなく、優れた若手農業科学技術
者が主導する農業科学研究プロジェクトの支援にも使われている。袁隆平は自
身が米国のライステック社との提携によって得たコンサルタント料も寄付に充
て、若手科学技術者およびその研究プロジェクトに対して特別に資金援助を行
った。毎年数件のプロジェクトが2～5万元の支援を受けている。湖南農業科
学院水稲研究所には、3年連続で3万元の助成金を受け、豊富な研究成果を上
げた若手科学技術者がいる。また、福建農業大学のあるポスドク研究員は、多
倍体のイネの育種研究を進める上で予算不足から困難に陥ったが、無理を承知
で袁隆平に助けを求めた結果、袁隆平から研究に対する強い支持があり、資金
援助と温かい励ましを受けている。

2016年、香港中文大学の卒業式に出席する袁隆平（1列目左から9番目）

　教育と人材育成を重視するという袁隆平の考えは、ハイブリッドライスや農業科学技術の分野だけではなく、多くの学生たちに対しても行動に移された。2004年9月26日、袁隆平は江西省徳安県第一中学（日本の中学校と高校に相当）を訪問し、同校に奨学金13万元を寄付すると共に、その年の大学入試で文系、理系の上位2位となった4名の成績優秀者に第1回奨学金および賞状を授与した。これまでに、袁隆平自身が学んだ小学校、中学校、高校、大学、さらには直接縁のない学校に対しても同様に、寄付や奨学金の給付を次々と行い、各学校が学生を優れた人材へ育つよう励ます精神的な原動力を与えた。

　袁隆平は教育を重視し、教育理念をより重んじた。袁隆平は強力な「強者連合」を提唱し、湖南省農業科学院を中心に、中南大学大学院隆平分院と湖南大学大学院隆平分院を相次いで設立した。それぞれの優位性の相互補完が可能となる連携体制の形成により、農業科学技術の発展に貢献を望む優秀な学生が多く集まった。

2016年、雲南省箇旧市にてスーパーハイブリッドライス高収量計画の指導期間中に、紅河州第一中学を視察

母校武漢四中（旧博学中学）に奨学金を寄付し、奨学生に奨学金を授与

袁隆平は説教めいた話はせず、自身の人生経験から得た貴重な教訓を人々に教え続けた。
　知識＋汗＋インスピレーション＋チャンス＝成功。
　書籍の中からイネの芽が出ることはなく、パソコンの中でイネを育てることもできない。最も大切なことは、水田に出て実際に働くことである。
　権威を尊重しても、権威を妄信してはならない。同様に、多くの書籍を読む必要があるが、書籍を妄信すべきではない。
　事業の成功または失敗は、最終的には忍耐力によって決まる。
　科学研究では偏見を持つべきではない。自己のイノベーション力を刺激し、解放することが重要である。
　若い人材を育成し、イノベーションを奨励するには、より力強いインセンティブ制度を採用する必要がある……。
　袁隆平が人生を通して得た教訓の一語一語はすべて、後世の人々を励ます至理名言として引き継がれている。

2009年4月22日、母校・武漢四中に戻り「ルーツを探る」袁隆平。生徒たちとの交流は、彼らの学問への意欲を大いに刺激した

2017年、母校である湖南省灃県弘毅学校に奨学金設立のための寄付を行う

故郷である江西省の徳安県一中に奨学金を寄付し、奨学生に奨学金を授与

2005年、中南大学「大学院隆平分院」の看板の除幕を行う

2011年、中南大学第1回「大学院生の最も愛する指導教官」の称号を授与される

2014年、中南大学大学院隆平分院の大学院生卒業式および学位授与式に出席

2019年、湖南ハイブリッドライス研究センターを訪問し、アメリカ世界食糧賞財団のケネス・M・クイン会長と会見を行う

2019年、国家ハイブリッドライス技術工程研究センターで実習をする米国世界食糧賞青年学院の夏季実習生に証書を授与する

世界食糧賞財団は1998年に国際実習生プロジェクトを設立。国家ハイブリッドライス工程技術研究センターは、2004年に袁隆平が世界食糧賞を受賞して以来、国際実習生プロジェクトの指導を担当し、これまで18人の米国人実習生を指導した

2017年、湖南農業大学に袁隆平国際ハイエンド農業人材養成センターが設立

袁隆平はハイブリッドライスに関する知識を普及させた

2008年、湖南省の第一走者として北京オリンピックの聖火リレーに参加

小学生に「穂陰で涼む夢」について語る

袁隆平による題字

袁隆平に挨拶をする少年サマーキャンプの児童

袁隆平を訪問した米国アイオワ州の中高生サマーキャンプのメンバー

2005年、インド洋大津波による被災者支援のため義援金を寄付

第14章

溢れる才気で、科学研究へ取り組む

バイオリンを演奏する袁隆平

袁隆平は多忙な仕事の合間に、音楽をよく楽しんだ。大学在学中は合唱団に所属して低音パートを担当し、『我が祖国』『カチューシャ』『おおカリーナの花が咲く』等の曲を好んだ。バイオリンをたしなみ、国家ハイブリッドライス工程技術研究センターに在籍していた時には、袁隆平の演奏は毎年の春節（旧正月）交歓会で恒例となっていた。袁隆平は家族全員で参加し、職員やその家族と共に楽しんだ。時にバイオリンを奏で、また時には大学時代に映画から学んだタップダンスを披露した。さらに、自ら脚本を手がけた演目を演じることもあり、同僚や家族を大いに湧かせた。袁隆平は若い時に音楽と縁があり、造詣を深めた。大学時代のクラスにバイオリン好きの同級生がいたことをきっかけに、自身もバイオリンの演奏を好むようになった。特に『幻想曲』『美しく青きドナウ』、シューベルトの『セレナーデ』を好んだ。音楽について語り始めると、ハイブリッドライスについて語るかのように精通していた。現代のポップミュージックを否定することはなかったが、伝統的な民族音楽をより好んだ。特に賀緑汀を高く評価し、作風の異なる歌曲はどれも優れており、素晴らしい音楽家だと考えていた。賀緑汀の作曲した『遊撃隊の歌』については、明るくメロディアスな曲調の中に、抗日戦士の機敏さ、柔軟性、楽観性、更には勇敢な精神が生き生きと表現されていると語り、さらに抒情的歌曲の代表作『秋水伊人』も好んだ。音楽について語る袁隆平からは、若々しい心と優れた芸術的センスを感じ取ることができる。2001年、中央電視台主催の演芸の夕べ「中国における科学」の場で、袁隆平はバイオリン独奏曲『行路難』の演奏を披露した。これは中国の著名な地質学者である李四光により、20世紀初頭に作曲された曲である。袁隆平は演奏の際に「この曲は人々に、科学的探求の道は非常に厳しいことを伝えている。だが、科学研究者はその道がどんなに困難であっても前進しなければならない……」と語った。

　袁隆平はスポーツ愛好家でもあり、特に水泳を得意とした。若者たちは袁隆平の前でも遠慮することなく速さを競おうとし、袁隆平はいつでも喜んでその挑戦に応じた。結果はいつも、平泳ぎでも自由形でも若者たちの負けになった。袁隆平は常々「役立つ人材になる第一要素、そして最も基本的な要素は、体の

健康である。体が丈夫であってこそ、理想や貢献について語れる」と話していた。袁隆平はさらに、現代の子どもたちは勉強の負担が大きいために遊ぶ時間もなく、体も鍛えられていないと心配し、小学生ですでに近視のメガネをかける子どもがいることに心を痛めた。

袁隆平は、幅広い年齢層の人々が参加できるソフトバレーボールの普及にも力を注ぎ、「私の人生が非常に豊かなのは、生活そのものが充実しているからだ。仕事も楽しく、国や世界に貢献できることが一番楽しい」と話した。

「オートバイに乗るのも好きだ。農地に入るにはオートバイが便利だからだ。もちろんこれは仕事上の趣味で、さらに好きなことは読書だ。実際、本の中からどんな事でもその答えも得ることができる」

ソフトバレーボールに参加

水泳を楽しむ

水着で椅子に座る袁隆平。74歳の時の写真

袁隆平はさらに、「人間の脳細胞はどんなに使っても使い果たすことはできない。年を重ねると、さらに脳を使うことで、アルツハイマー型認知症の予防もできる。特に、外国語の学習は効果的に老化を遅らせることが可能だ」との考えを持っていた。袁隆平には座右の銘があった——「生きている限り学び続ける」である。袁隆平はしっかりとした外国語の基礎を持っていた。幼い頃に、英語が得意な母親から手ほどきを受けたことに加えて、自身の外国語に対する情熱と努力、言語への敏感なセンス、言語操作能力を兼ね備えていたことが成功の秘訣だといえる。袁隆平は時間を見つけては、外国語の書籍を読んで辞書を調べ、英語のラジオを聞き、英単語を覚えるなど、常に語学力の強化を心がけた。「以前は毎日100個の英単語を覚えることを目標にしていた。そうすれば、半分を忘れたとしても、40〜50個は覚えているからだ」とも語った。長い年月の間に豊富で幅広い語彙力を身に付け、専門用語にも馴染みのない単語にも精通していた。さらに発音も正確かつ自然であり、外国の友人と円滑にコ

ミュニケーションを取れる語学力を有した。袁隆平は講義や学術交流、視察訪問などのために数十カ国を訪れた時も、通訳に頼ることなくコミュニケーションを図った。

マラッカ海峡にて

聖地エルサレムにて

料理中

犬と

ブドウ園を視察

アロハシャツを選ぶ

腕時計のショーケースをのぞき込む

風鈴で童心に帰る

ブランコを楽しむ

将棋を指す

サッカーに参加

　袁隆平は猫好きでもあった。「猫は綺麗好きで、人に通じる性格を持っている」と話した。家では猫を長く飼っており、3匹を飼っていた時もあった。日中、母猫は子猫を連れて出かけ、食事の時間になると帰って来る。猫は魚や牛肉を好み、袁隆平も猫のためにいつも美味しい食事を取っておいた。2匹の子猫は、同じ母猫から生まれたが毛色が異なり、袁隆平は「これは分離の遺伝現象だろう。遺伝学における分離の法則を反映している」と話した。

第14章　溢れる才気で、科学研究へ取り組む

若者と一緒にソフトバレーボールに参加

車を運転して農地へ

猫好きの袁隆平

乗馬

2008年、香格里拉（シャングリラ）での旅行でヤクに乗る

2003年、西南農学院の卒業生で中国工程院院士である向仲懐（中央）と呉明珠に同行し、農地でスーパーハイブリッドライスを視察

2012年、重慶時代の小学校、大学時代の同級生と共に三亜で休暇を過ごし、ハイブリッドライス試験圃場を上機嫌で案内

2007年、袁隆平と鄧則夫妻が深圳の沙頭角を観光時にミンスク・ワールドで撮影した写真。袁隆平はこの写真を気に入り、フォトキーホルダーを作った

一緒にプールで泳ぐ

盧山植物園にて

仲睦まじい夫妻

万里の長城にて

フィリピンにて

袁隆平のデスク周り

文学、歴史、地理にも深い造詣を持つ

日常生活では若者との交流を好み、「私は若者と一緒にいるのが好きだ。若者は気力とやる気に溢れており、私たちの希望である。若者と一緒にいると、自分もまた若いエネルギーに満ち溢れると感じる」と語った。
　袁隆平は旅行好きでもあり、気ままな旅行をしたいと願っていた。袁隆平はこのように語ったことがある——「私は自由で気楽な生活を送りたい。特に、気ままに大自然を楽しみ、各地を旅して回りたい。誰かに気づかれるのが心配だ。というのは、訪問先で市長や県長に仰々しく出迎えられると大変だからだ」。さらに、静かな環境を求めるように「深い山奥や森の中に隠れ住みたい」とも気持ちを明かした。

自宅のバルコニーから、栽培中の第3代ハイブリッドライスを眺める袁隆平と鄧則

袁隆平は90歳の誕生日の願い事で、ハイブリッドライスの年間1ムー当たり1.5トンの収穫を早期達成できるようにと願った

2019年、海南省三亜市にて

2006年、家族写真

2004年、江西省盧山の含鄱口（はんはこう）で写真撮影をする一家

家族写真（2021年の春節に撮影）

　書店巡りを趣味として、書籍を買っては読書を楽しんだ。伝記、英語の読み物やユーモア小説も好んで読んだが、特に文学や歴史、地理関連の書籍を好んだ。「幼い頃から地理が好きだった。色々な場所の人口や面積、気候などを覚えている」と話した。

　鉄道と列車に対しても興味を持っていたが、これは父の袁興烈が平漢鉄道局で働いていたことと関係があるのだろう。袁隆平は幼少期から、日常的に鉄道や列車と接しながら育ったため、視察に出かけて鉄道関連の情報を目にすると、強い興味を示した。雲南へ行った時には滇越鉄道の歴史、さらには箇旧の狭軌鉄道に関心をもち、知識を深めようとした。現在中国では高速鉄道が急速に発展しているため、特に地方の高速鉄道の運行状況に関心を持ち、しばしば飛行機での移動を避け、高速鉄道での移動にこだわった。袁隆平は「飛行機では旅行へ行きたくない。列車や車に乗り、道すがら風景を楽しみたい」と語ったことがある。

　袁隆平はこのように、生き生きとして感受性豊かな人物だったのである。

袁隆平の彫刻

袁隆平の彫像

第14章　溢れる才気で、科学研究へ取り組む

高速鉄道に乗って出かける

2016年、雲南省箇旧市で滇越(てんえつ)鉄道展覧会を見学

高速鉄道で出張から長沙に戻る

2018年、ベトナムと国境を接する河口鎮で滇越鉄道を視察

第15章

華々しく栄誉を重ね、心静かに遠きを致むる

1970年代後半から、中国の食糧生産は増加の一途をたどり、中国人の食糧問題に対する懸念は次第に緩和された。その輝かしい歴史は、種子革命の代表的人物である袁隆平の名を人々の記憶に刻ませた。1981年、国はインディカ型ハイブリッドライスの研究者である袁隆平らに特等発明賞を授与した。国家特等発明賞が授与されたのは今日まで、この1度限りである。

1981年6月6日、国家科学技術委員会と国家農業委員会の共催により、インディカ型ハイブリッドライス特等発明賞の授賞式が北京で開催された

1981年6月6日、国家科学技術委員会と国家農業委員会の共催によるインディカ型ハイブリッドライス特等発明賞の授賞式が北京で開催され、全国インディカ型ハイブリッドライス科学研究協力チームの袁隆平らに特等発明賞が授与された

1. 国家特等発明賞

　国務院が公布した「中華人民共和国発明奨励条例」に基づき、1981年5月5日、国家科学技術委員会発明選考委員会の専門家は、インディカ型ハイブリッドライスという重要な発明について慎重に審査を行い、その学術的な価値、技術的な難易度、経済効果および国際的影響力のいずれもが傑出していると認め、全会一致で表彰を決めた。国務院の承認を経て、袁隆平をはじめとする全国のインディカ型ハイブリッドライス研究協力チームのメンバーに対する特等発明賞の授与と、賞状、メダルおよび賞金10万元の贈呈が決定された。

　授与式は北京での開催が決まった。ちょうどフィリピンに滞在し、国際稲研究所との共同研究に従事していた袁隆平は、翌日北京に急行するように命じる緊急電報を受け取った。1981年6月6日、授与式が盛大に執り行われ、党および国家指導者である王震、方毅、万里および農業部の林乎加部長、周培源中国科学技術協会主席、中国科学技術協会副主席の金善宝、銭学森、国家科学技術委員会副主任の武衡、童大林、趙東宛、楊浚、国家農業委員会副主任の張平化、杜潤生、何康らが出席した。賞状、メダルおよび賞金は、方毅国務院副総理・国家科学技術委員会主任から受賞者代表である袁隆平に対して授与された。方毅はさらにスピーチを行い、「米国、日本、インド、イタリア、ソ連等の十数

カ国の科学者が十数年以上ハイブリッドライスの研究を行っているが、いまだ実験段階にあり、我々は研究をリードする立場にある。インディカ型ハイブリッドライス栽培の成功は、中国に名誉をもたらした」と袁隆平らの業績を称えた。方毅はさらに、「我が国初の特等発明賞が農業分野に対して授与されたことは、我が国の農業科学技術が堅固な基盤を持つとともに、優れた貢献を果たし、さらには農業科学技術の将来に大きな前途があることを意味する」と述べた。

1981年、国家特等発明賞を受賞した全国インディカ型ハイブリッドライス科学研究協力チームメンバーの一部

国務院の祝電（1981年6月6日）

全国インディカ型ハイブリッドライス研究協力チーム：

　インディカ型ハイブリッドライスは重要な発明であり、イネ育種の理論と実践を豊かにし、優良品種を育成した。関連部門や省、市、自治区の指導のもと、緊密な協力と密接な連携により大規模な普及が果たされ、我が国における稲作の大幅な増産を促進した。ここに、本発明と普及に参加し、組織の指導に従事した科学技術者、農家、幹部の皆様に、心よりお祝い申しあげる。

　インディカ型ハイブリッドライスの育成と普及は、科学技術の成果が生産に応用されると、非常に大きな経済効果がもたらされることを顕著に示している。農業生産の発展は政策と科学にかかっている。多くの農業科学技術従事者がより一層努力に励み、奮闘を続け、我が国の農業生産発展に対し、さらなる貢献を行うことを切に願う。

国務院インディカ型ハイブリッドライス特等発明賞の湖南省で行われた表彰式で撮影された集合写真

1985年、袁隆平と機械工学者の沈鴻（中央）、北京工業大学のシニアエンジニア徐錦航に、世界知的所有権機関（WIPO）から「傑出した発明家」金メダルおよび栄誉証書が授与された

1987年、フランスのパリにある国連教育科学文化機関（ユネスコ）の本部で、ムボウ事務局長（右端）から科学賞証書が授与された

1988年、イギリスのランク財団から「農学と栄養賞」を授与された

1996年、日本の日経アジア賞（技術開発部門）を受賞

1997年、ノーベル平和賞受賞者のノーマン・ボーローグ氏から、「国際農作物雑種強勢利用分野における傑出した先駆的科学者」の名誉称号を授与された

2.「袁隆平星」

　1999年10月、国際小天体命名委員会の承認を経て、中国科学院北京天文台シュミットCCD小惑星プロジェクトチームによって発見された小惑星が「袁隆平星」と命名された。この小惑星は1996年9月18日に興隆観測所で発見され、仮符号である1996SD1が与えられた。この符号中のSDは、ちょうど中国語で稲を意味する「水稲（shui dao）」のピンインの頭文字だった。そのため、恒久的なコードである8117が与えられた後、天文学者たちは「ハイブリッドライスの父」である袁隆平への敬意を表すため、この小惑星を「袁隆平星」と命名することを決めた。

　袁隆平の創造的労働と多大な貢献に対する崇高な敬意を表すため、国際天文学連合（IAU）は、中国が発見した第8117番惑星を「袁隆平星」と命名した。袁隆平という偉大な科学者の名前にちなんで命名されたこの惑星は、人類文明という星空で永遠に輝き続けることだろう。

「袁隆平星」命名証書

「袁隆平星」軌道図

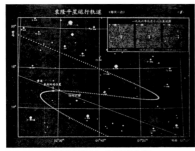

「袁隆平星」の運行軌道

1981年、袁隆平率いる全国インディカ型ハイブリッドライス科学研究協力チームは、新中国成立以来初の国家特等発明賞を受賞した

第15章　華々しく栄誉を重ね、心静かに遠きを致むる　　195

1985年、世界知的所有権機関（WIPO）から授与された「傑出した発明家」金賞のメダル

1987年、国連教育科学文化機関（ユネスコ）から授与された科学賞の表彰状

1988年、イギリスのランク財団から授与された「農学と栄養賞」の表彰状

1992年、湖南省から授与された「功労科学者」栄誉称号

1993年、米国ファインスタイン財団から授与された世界飢餓救済賞の表彰状

1994年、何梁何利基金から授与された「科学と技術進歩賞」の表彰状

1995年、国連食糧農業機関から授与された食糧安全保障栄誉賞のメダル

1996年、袁隆平の編著書『ハイブリッドライス栽培学』が国家科学技術進歩賞3等賞を受賞した

1996年、日本経済新聞社から授与された日経アジア賞(技術開発部門)の表彰状

1997年、授与された「国際農作物雑種強勢利用分野における傑出した先駆的科学者」の名誉称号の表彰状

1998年、授与された日本「コシヒカリ国際稲賞」の表彰状

2001年、授与されたフィリピンのラモン・マグサイサイ賞の表彰状

3. 第1回国家最高科学技術賞

　国家最高科学技術賞は党中央委員会および国務院により決定され、2000年に創設された国家レベルの新しい科学技術賞である。国家最高科学技術賞は「国家科学技術奨励条例」の規定に基づいて、現代科学技術の最前線において重要な突破口を開いた者や、科学技術の発展において優れた功績を残した科学技術者、あるいは科学技術のイノベーション、科学技術成果の転化および産業化において、非常に大きな経済効果、または社会効果を生みだした科学技術者に授与される。「国家科学技術奨励条例」の規定によると、毎年1回の審査を行い、受賞者は毎回2名までとする。最終的に国務院の承認を経て国家主席が署名をし、賞状と賞金を授与し、賞金額は受賞者1人につき500万元と決められている。国家最高科学技術賞に等級は設けられていない。2001年2月19日、党中央委員会、国務院が北京の人民大会堂で盛大に開催した国家科学技術奨励大会で

は、第1回国家最高科学技術賞の授与も行われた。講堂はまばゆい光に満ちあふれ、華やかな花で彩られた。式に先立ち、江沢民を含む党と国家の指導者は2000年度国家科学技術賞の受賞者代表と記念撮影を行った。司会は胡錦涛が務め、李嵐清が国務院の授賞「決定」を読み上げ、農学者の袁隆平と数学者の呉文俊への2000年度国家最高科学技術賞の授与を発表し、江沢民から2名の受賞者に賞状と賞金が授与された。朱鎔基は党中央委員会および国務院を代表し、国家最高科学技術賞の初受賞者である袁隆平、呉文俊および全ての受賞者と団体に対して心から祝意を表し、全国の科学技術従事者が引き続き科学技術の進歩とイノベーションを促進し、経済発展と社会進歩に貢献するよう激励した。

2001年、授与された第1回国家最高科学技術賞の表彰状

2001年2月19日、党中央委員会と国務院により、北京で国家科学技術奨励大会が盛大に開催された第1回国家最高科学技術賞を受賞した袁隆平と呉文俊

2001年2月、第1回国家最高科学技術賞の受賞者である袁隆平と呉文俊は、中国中央電視台のインタビューを受けた

2001年、ラモン・マグサイサイ賞を受賞した袁隆平と呉青

研究分野の異なる2人の科学者である袁隆平と呉文俊の出会いにより、興味深い対話が残されている。呉文俊は袁隆平に「袁先生は『ハイブリッドライスの父』と呼ばれている。学問の分野でいえば、農業と数学は非常に密接な関係にある。数学の起源は農業にあり、数学的な計算は農地測量から始まった。例

えば、『幾何』という言葉は『土地を測る』というギリシャ語に由来する。歴史的に見ると農業を発展させるには天を観察し、土地を測量する必要があり、やがて天の観察が天文学へ、土地の測量が幾何学へと発展した。これは中国では特に当てはまる。中国社会は常に農業を中心としてきたからだ。歴史的に見ると、中国の数学の発展過程における多くの問題が農業から生まれた」と話かけた。これに対して袁隆平が「数学は『科学の母』だと言えるだろう。どんな科学技術も最高段階に達すれば、数量化や公式化が必要となる」と答えた。呉文俊はさらに、「数学や科学に携わる者もご飯を食べていかなければならない。農業は『科学の父』だと見なされるべきだ」と続けた。袁隆平が「私は子どもの頃、数学の成績が良くなかった。中学生の時、先生に『負の数と負の数を掛けると、なぜ正の数になるのか』と質問したことがあるが、いまだによくわからない」と笑いながら話すと、呉文俊も大いに笑った。呉文俊も実は、中学時代に「負の数と負の数を掛けると正の数になる」ことがよく理解できなかったという。袁隆平は、呉文俊が難しさに諦めず努力した結果、偉大な数学者になれたのだと考えた。

2001年8月、フィリピンのラモン・マグサイサイ賞を受賞

2001年、香港中文大学名誉博士号を取得

2002年、ベトナム政府から授与されたベトナム農業・農村発展栄誉バッジ

2002年5月、ベトナムのファン・バン・カイ首相からベトナム農業・農村発展栄誉バッジを授与される

第15章　華々しく栄誉を重ね、心静かに遠きを致むる

4. 世界食糧賞

　2004年は国連によって「国際コメ年」と定められ、袁隆平は世界食糧賞を受賞した。10月、授賞式に出席するため、袁隆平は米国のアイオワ州に出向いた。世界食糧賞財団は授与にあたり「袁隆平教授の30年以上にわたる卓越した研究の貴重な経験と、中国を食糧不足から食糧供給が十分可能な国へと転換させた多大な貢献により、この賞を授与する。袁教授が従事するスーパーハイブリッドライスの研究は、世界の食糧安全保障と貧困撲滅の推進に対して大きな可能性を示している。袁教授の功労と将来を見通す卓越した見識を通じて食糧が充実し、食糧安全保障の安定性が一層強固になった世界が創り出された。同時に、袁隆平教授は米国を含む10カ国以上に技術を伝え、これらの国々に大きな恩恵をもたらした」と袁隆平を称えた。招待されたフィリピン農務省大臣は、ハイブリッドライス技術の応用がフィリピンの食糧生産および食糧安全保障に果たした役割と影響について紹介した。

　この米国訪問では、非常に面白いハプニングが起きた。2004年10月17日、袁隆平一行は米国アイオワ州の州都デモインで開催された世界食糧賞授賞式に参加した後、米国ライステック社との交流のため、テキサス州ヒューストンに向けて出発した。ところが一行は荷物が多く、ヒューストンの空港で荷物を1つ置き忘れてしまった。しかもその荷物が、まさに袁隆平が受け取ったばかりの世界食糧賞のトロフィーだった。2001年、「9・11」米国同時多発テロ事件に見舞われた米国人は、この重い荷物に対して「何者かに意図的に置かれた時限爆弾ではないか」と非常に警戒し、空港のスタッフはセキュリティチェックへ荷物を引き渡した。警察官は注意深く荷物を開封し、世界食糧賞のトロフィーを見つけると非常に驚くと同時に興奮して、「世界食糧賞の受賞者がヒューストンに来ている！」と叫んだという。

2004年10月15日、世界食糧賞財団から世界食糧賞を授与された

2004年に授与された世界食糧賞トロフィー

2004年に授与された世界食糧賞の表彰状

2004年10月、世界食糧賞を受賞し、米国から凱旋

2004年5月10日、エルサレムでカツァブ・イスラエル大統領から「ウルフ賞農業部門」表彰状を手渡される

2004年5月10日、エルサレムで授与されたばかりの「ウルフ賞農業部門」表彰状を見せる

　2019年8月9日、世界食糧賞財団のケネス・M.クイン会長は、袁隆平の90歳の誕生日を祝って「2004年、私たちは最高の敬意と誇りをもって『ハイブリッドライスの父』の卓越した功績を称え、世界食糧賞を授与した。アイオワ州で開催された感動的な授賞式からすでに15年の月日が経った。だが、袁博士は今もなお、イネ研究の分野において画期的なイノベーションを遂げるためにたゆまぬ努力を重ね、人々を幸せにしている」とメッセージを送った。

　2008年には、香港フェニックステレビ（鳳凰衛視）が開催した「世界に影響を与えた華人」授賞式で、袁隆平に「世界に影響を与えた華人・生涯功労賞」が授与された。袁隆平は受賞スピーチのなかで「このような賞を頂けて光栄に感じている。しかし、私にとって賞を頂くことは、叱咤激励を受けたことと同じである。生涯功労賞を頂いたということは、生涯奮闘し続けなければならないことを意味する。今後もさらなる成果を目指して努力し続けていきたい」と受賞に対する感謝を述べるとともに、これからの意気込みを語った。そして、袁隆平は宣言通り生涯奮闘し続けた。なぜなら一生涯奮闘を続けることこそが、袁隆平の望みだったからである。

2004年9月、タイの「金の鎌賞」を授与される

2007年、マカオ科技大学の名誉博士号を取得

2004年9月、授与されたタイの「金の鎌賞」

2004年9月、アロヨ・フィリピン大統領が中国を訪問中に、袁隆平に授与した表彰状

2005年、アジア・太平洋種子協会（APSA）から授与された優秀研究業績賞の表彰楯

5. 米国科学アカデミー外国人会員に選出

　2007年、米国科学アカデミーから外国人会員の称号が袁隆平へ授与された。米国科学アカデミーのシセロン会長は授与時に、「袁隆平氏が発明したハイブリッドライス技術は世界の食糧安全に大きく貢献し、食糧増収により毎年、世界で7000万人の食糧問題が解決されている」と祝辞を述べた。

2007年、米国科学アカデミー外国籍会員の就任式の場で、シセロン米国科学アカデミー会長と共に記念撮影

2007年、米国科学アカデミーの外国籍会員に就任

6. 国家科学技術進歩賞特等賞

　二系法ハイブリッドライス技術の研究と応用は国家「863計画」研究プロジェクトになり、袁隆平が首席専門家に就任した。袁隆平は活動協力チームの専門家たちを率いて、20年以上に及ぶ研究と実践を経て、ついに中国独自の完全に独立した知的財産権を持つ重要な科学技術的成果を生み出した。その中には、実用的な温度感応性不稔系統育種理論と鑑定技術、育種家種子と原種生産、温度感応性不稔系統の高収量で安定した繁殖、安全かつ高収量の種子生産技術などが含まれ、これらの技術体系はハイブリッドライスの超高収量を実現するための重要な支えとなった。1996年、中国科学院と中国工程院に所属する院士はそれぞれ、二系法ハイブリッドライス技術研究の成功を中国十大重要科学技術の第1位として選出した。2003年と2011年、両院の院士らは再び中国十大科学技術進歩に関するニュース選出を行ったが、この重大なイノベーションの成果に惜しみなく票が投じられた。統計によると、2012年までに全国で累計4億9900万ムー（約3327万ヘクタール）の二系法ハイブリッドライスの普及、コメの増産110億9900万kgおよび増収額271億9300万元が実現し、その影響は全国16の省、自治区、直轄市に及んだ。これは、中国のコメ産業における技術体系の更新と産業構造の調整を促進しただけではなく、食糧増産、農業の効率化、農家の収入増加、そして農村の繁栄のために重要な役割を果たしたといえる。

　2014年、二系法ハイブリッドライス技術の研究と応用は、2013年度国家科学技術進歩賞特等賞を受賞した。

2010年、フランス政府「フランス農事功労章コマンドゥール」を受章

2014年、二系法ハイブリッドライス技術研究および応用が2013年度国家科学技術進歩賞特等賞を受賞

2012年、マレーシアの2011年度マハティール科学賞を受賞

7. 第1回呂志和賞——世界文明賞

　2016年、袁隆平はハイブリッドライス事業における先駆的な業績と、中国および世界の食糧安全保障への傑出した貢献が認められ、香港第1回呂志和賞——世界文明賞を受賞し、賞金2000万香港ドルが授与された。袁隆平は当該賞の「持続可能性賞」を受賞したため、賞金をハイブリッドライスの持続的な研究開発支援に用いることとした。その内訳の1つ目は、袁隆平農業科学技術賞財団の発展支援、2つ目は、第3代ハイブリッドライスの研究開発支援を通じて、ハイブリッドライスのより高いレベルでの発展を促すことだった。

2016年10月3日、第一回香港呂志和賞—世界文明賞を受賞

2010年に授与されたフランス政府「フランス農事功労章コマンドゥール」勲章

2017年、袁隆平ハイブリッドライスイノベーションチームに授与された国家科学技術進歩賞表彰状の表面と裏面

2010年に授与されたフランス政府「フランス農事功労章コマンドゥール」の表彰状

2010年に授与された日本の「食の新潟国際賞」のトロフィー

2012年に授与されたマレーシアの2011年度マハティール科学賞の表彰楯

2012年に授与されたマレーシアの2011年度マハティール科学賞の表彰状

2016年に授与された香港呂志和賞——世界文明賞の表彰カップ

2016年に授与された香港呂志和賞——世界文明賞の表彰状

8. 栄誉称号「改革先鋒」

2018年12月18日、改革開放40周年祝賀大会が北京の人民大会堂で盛大に開催され、習近平中国共産党中央委員会総書記・国家主席・中央軍事委員会主席が重要講話を発表した。大会の司会は、李克強中国共産党中央委員会政治局常務委員・国務院総理が務めた。王滬寧(おうこねい)中国共産党中央委員会政治局常務委員・中央書記処書記が「改革開放に顕著な貢献をした人物の表彰に関する中国共産党中央委員会と国務院の決定」を読み上げると、改革開放の推進に顕著な貢献をした100人が表彰され、袁隆平にハイブリッドライス研究の開拓者として「改革先鋒」の栄誉称号とメダルが授与された。

2018年12月に授与された「改革先鋒」栄誉証書とメダル

2018年、袁隆平は第3回未来科学大賞「生命科学賞」を受賞した

2020年11月16日、チリのルイス・シュミット・モンテス駐中国大使は長沙市を訪問し、チリ外務省を代表して、袁隆平にマゼラン海峡賞を授与した。大使は授賞式で「私たちは袁隆平院士に敬意を表するために、遠く離れたチリから来た。そして、袁院士の功績を世界中の国々と分かち合いたいと願っている。伝統を打ち破り、革新的な貢献をした袁院士に対し、国を代表して賞を授与できることは大変光栄である」と功績を称える祝辞を述べた

9. 共和国勲章

2019年、中華人民共和国建国70周年を迎えるにあたり、中国共産党中央委員会は初となる共和国勲章および国家栄誉称号の受章者の選出を行い、新中国の建設と発展に顕著な貢献をした模範的功労者の表彰を決めた。選考および授与の計画に基づき、各地域および各部門において選考と全体的な検討が行われた。その結果、組織的な考察と総合的な検討を通じて、共和国勲章の候補者8名と国家栄誉称号候補者28名が選出された。共和国勲章の候補者8名の中には、袁隆平の名前もあった。

2019年9月、共和国勲章を受章

2019年9月、中華人民共和国建国70周年の祝賀に際し、習近平国家主席は袁隆平を含む8名に共和国勲章を授与する主席令に署名した。

9月29日午前、共和国勲章および国家栄誉称号の授与式が北京の人民大会堂のゴールデンホールで盛大に執り行われた。午前10時頃、軽快な音楽と共に、習近平と袁隆平を含む共和国勲章および国家栄誉称号の受章者らが会場に足を

踏み入れると、会場の全員が立ち上がって嵐のような拍手を送った。

　共和国勲章および国家栄誉称号の各受章者が荘厳な表彰台に向かって歩み始めると、ゴールデンホールには受章者の功績を紹介する声が響き渡った。袁隆平の功績は次のように紹介された——ハイブリッドライス研究の先駆者である袁隆平は、50年以上にわたりハイブリッドライス技術の研究、応用、普及に尽力し、我が国の食糧安全と農業科学の発展、そして世界の食糧供給に多大な貢献を果たした。授与式で習近平は「今回表彰された共和国勲章と国家栄誉称号の受章者は、党と人民の事業のために貢献を果たした数多くの傑出した人々の代表である」と重要な講話を行った。

　共和国勲章および国家栄誉称号の各受章者は、中華民族の精神と社会主義の核心的価値を生き生きと体現している。彼らは理想を堅持し、揺るぎない決意で懸命に働き、不屈の精神力で人民のために無私の奉仕を行った。また、何十年もの間、忠実さ、忍耐力、誠実さといった精神性を遺憾なく発揮してきた。彼らの功績と貢献は、人民共和国の歴史に永遠に刻まれることだろう。

　受章の感想に話が及ぶと、袁隆平は共和国勲章を授与された時、習近平総書記からイネの進展について尋ねられ、1ムー当たり1200kgの生産を目指してラストスパートをかけていると答えた。袁隆平はさらに、「共和国勲章を受章して感激している。この受章により、私は叱咤激励を受けた気持ちになった。これまで多くの賞を頂いてきたが、これは国家の最高栄誉である。功績の上に甘んじて休むわけにはいかない。さらに高みを目指していきたい」と決意を語り、さらに「この共和国勲章のメダルは本当に重みがある」と言った。袁隆平は北京から長沙に戻ると、翌日すぐに農地へ向かった。「2つの百周年」の奮闘目標と中華民族の偉大な復興という「中国の夢」の実現に向けて、実際の行動を通じて貢献をするためである。

第16章

「袁隆平星」永遠に光り輝く

袁隆平に深く追悼の意を表する人々

　2021年5月22日、世界のハイブリッドライス界は暗闇に包まれた。午後1時7分、「ハイブリッドライスの父」袁隆平が息を引き取ったためである。その時、長沙市には霧雨が降りしきり、まるで星城（長沙市の別称）が泣いているかのようだった。袁隆平の遺体を乗せた霊柩車が湘雅病院からゆっくり走り出すと、外で待ち構えていた人々は車に付き添い、「袁先生、どうか安らかに」と悲しみの中で呼びかけた。霊柩車がゆっくりと芙蓉路を進むと、数万人の人々が5キロの道なりに自然と集まり、袁隆平を最後まで見送った。人々は車を追って駆け出し、道行く車は哀悼の意を込めてクラクションを鳴らし、誰もがむせび泣いた。雨はまるで人々の涙と混じり合うかのように、街中に降り注いだ。人々の袁隆平を追悼し敬う思いは、大きな流れのように広がり続け、袁隆平の長年の仕事場——芙蓉区馬坡嶺の湖南省農業科学院湖南ハイブリッドライス研究センターを包み込み、その流れは長沙市の明陽山斎場まで届いた。斎場の前に集まった人々は門の前で深く拝礼するとしばらくその場に留まり、すぐに立ち去ろうとはしなかった。

　この日、星城は本来の輝きを失っていた。だが、これまでと同様に世の中の注目を集め続けていた。心の中の英雄である袁隆平を追悼する人々が、昼夜を問わず全国各地から長沙市へ集まってきたからである。人々は湘雅病院、湖南ハイブリッドライス研究センター、明陽山斎場などを訪れると、花を手に心からの敬意を込めて追悼した。この瞬間、街は「街中の花を、ただ一人のために捧げる」という哀悼の気持ちで満ちあふれ、長沙市から発せられた悲しみは全国、そして全世界へと広がり、世界中の人々もまた、袁隆平の死を悼み深く偲んだ。

　5月23日、袁隆平の訃報が同志追悼弁公室から公式に発表された。同日、習近平総書記から弔問の委任を受けた許達哲中国共産党湖南省委員会書記は遺族を訪問し、袁隆平への深い哀悼の意と遺族への温かい労いの言葉を伝えた。習

近平は中国の食糧安全、農業科学技術のイノベーション、世界の食糧生産の発展に対する袁隆平の傑出した貢献を高く評価し、多くの党員や幹部および科学技術従事者に対して、袁隆平に学ぶよう求めた。さらに、「袁隆平を追慕し、敬意を表する最善の方法は、袁隆平の党、祖国、人民への敬愛、持ち続けた確固たる信念、イノベーションへの挑戦、謹厳実直さかつ優れた人間性、さらには、祖国と人民への奉仕を目標とし、生涯にわたり農地を耕し、祖国の大地に科学技術論文を書き残したという崇高な精神を学ぶことである」と強調した。

5月24日午前10時、袁隆平の告別式が長沙市明陽山斎場の明徳庁にて執り行われた。

同日付の『湖南日報』は以下の通り報道した。

　　袁隆平同志の逝去を受け、習近平中国共産党中央委員会総書記・国家主席・中国共産党中央軍事委員会主席は、袁隆平の逝去に深い哀悼の意を示し、遺族に対して温かい労いの言葉をかけ、供花を贈った。李克強、栗戦書、汪洋、王滬寧、趙楽際、韓正、王岐山、王晨、劉鶴、孫春蘭、李希、楊暁渡、陳希、陳全国、陳敏爾、胡春華、江沢民、胡錦涛、朱鎔基、李瑞環、呉邦国、温家宝、賈慶林、張徳江、兪正声、宋平、李嵐清、曽慶紅、呉官正、李長春、賀国強、劉雲山、張高麗、尤権、曹建明、張春賢、沈躍躍、吉炳軒、艾力更・依明巴海、万鄂湘、陳竺、王東明、白瑪赤林、丁仲礼、郝明金、蔡達峰、武維華、王勇、肖捷、趙克志、周強、張慶黎、万鋼、何厚鏵、王正偉、馬飚、梁振英、楊伝堂、李斌、蘇輝、鄭建邦、邵鴻、高雲龍、田紀雲、姜春雲、王兆国、回良玉、呉儀、曽培炎、王剛、劉延東、馬凱、王漢斌、杜青林、王丙乾、鄒家華、彭珮雲、周光召、李鉄映、何魯麗、許嘉璐、蒋正華、顧秀蓮、熱地、盛華仁、路甬祥、烏雲其木格、陳至立、周鉄農、司馬義・鉄力瓦爾地、蒋樹声、桑国衛、王勝俊、陳昌智、厳雋琪、張平、向巴平措、張宝文、戴秉国、任建新、王忠禹、白立忱、陳奎元、阿不来提・阿不都熱西提、張榕明、銭運録、孫家正、李金華、陳宗興、韓啓徳、李海峰らがそれぞれ弔電や供花を送り、哀悼の意を表した。

　　タイ王国マハ・チャクリ・シリントーン王女、屈冬玉国際連合食糧農業機関事務局長、マダガスカル共和国ルシアン・ラナリヴェル農業畜産水産大臣、東ティモール民主共和国ペドロ・ドス・レイス農業水産大臣らが供花し、哀悼の意を示した。

　　24日午前、長沙市の明陽山斎場は厳かな雰囲気に包まれ、葬送曲が静かに流れた。ホールの中央には黒地に白い文字で「袁隆平同志を深く追悼

する」と書かれた幕が掲げられ、その下に袁隆平同志の遺影があった。遺体は鮮やかな花々と柏の葉に囲まれて安置され、中華人民共和国の深紅の国旗で覆われていた。午前10時、葬送曲が流れる中、許達哲、毛偉明、李微微、烏蘭、楊正午、王克英、胡彪、黃蘭香、王双全、謝建輝、張剣飛、張宏森、李殿勲、王成、呉桂英、劉蓮玉ら省の指導者や古くからの仲間が、ゆっくりと袁隆平同志の遺体の前へと歩み寄り、静かに黙祷を捧げた。袁隆平同志の遺体に3度拝礼後、遺族の一人ひとりと握手を交わし、深い哀悼の意を表した。

袁隆平の遺族が供えた花籠

　袁隆平同志の入院期間中および逝去後、許達哲、毛偉明、杜家毫、李微微、烏蘭、熊清泉、楊正午、王克英、胡彪、黃蘭香、王双全、謝建輝、張剣飛、馮毅、張宏森、李殿勲、王成、呉桂英、劉蓮玉などの指導者や古くからの仲間は病院を訪問するなどそれぞれに哀悼の意を表し、袁隆平同志の遺族に慰問の意を表した。

　中央および国家機関関連部門、一部の中央企業、関連する省（市）の責任者および、袁隆平同志の生前の友人や故郷の代表者らが告別式へ参加し、弔電や供花を送った。

　袁隆平同志は江西省德安県出身で、1930年9月、北京で知識階級の家庭に誕生。1949年8月から1953年8月まで西南農学院農学部で学び、農作物を専攻する。1953年8月から1971年1月まで、湖南省安江農業学校で教員として勤務する。1971年1月から1984年6月まで、湖南省農業科学院にてハイブリッドライス研究員として勤務（1978年9月、研究員に昇格）。1984年6月から1988年1月まで、湖南ハイブリッドライス研究センター所長を務める。1988年1月から1995年5月まで、湖南省政協の副主席、湖南ハイブリッドライス研究センター所長、湖南省農業科学院名誉院長を務める。1995年5月から2016年1月まで、湖南省政協副主席を務める（その間、1995年5月から2015年8月まで、湖南ハイブリッドライス研究センター所長および国家ハイブリッドライス工程技術研究センター所長を兼任）。1995年に中国工程院の院士に選出され、2007年には米国科学アカデミーの外国人会員に選出される。

袁隆平同志は無党派人士の傑出した代表者であり、中国共産党の親愛なる友人である。中国共産党の指導を固く支持し、中国共産党の指導のもと、多党協力と政治協商制度を心から支持し、習近平総書記による新時代の中国の特色ある社会主義思想を忠実に実践した。袁隆平は、思想、政治、行動の面において、習近平同志を核心とする中国共産党中央との高い整合性を保った。党、祖国、人民を愛し、常に人々の生活に寄り添い、祖国と人民の要求に応えることを自己の責務とした。そして、祖国と人民への奉仕を目標として、祖国の大地に堅実に科学技術論文を書き残し、党と国家の中心的な任務、改革開放、現代化建設といった政治的活動に積極的に参加し、貢献を果たしたのである。

　袁隆平同志は、ハイブリッドライスの研究分野における開拓者、リーダーであり、「ハイブリッドライスの父」として称えられている。袁隆平同志は、三系法インディカ型ハイブリッドライス技術を発明後、さらに二系法ハイブリッドライス技術を発明し、ハイブリッドライス学を創設。多くのハイブリッドライスの専門家や、技術のエキスパートを育成し、ハイブリッドライス理論と応用技術体系を構築し完成させた。中国共産党第11期中央委員会第6回全体会議で採択された決議により、インディカ型ハイブリッドライスの育種と普及は、核兵器実験や人工衛星の回収成功とともに、中国の科学技術における重要な成果として位置付けられた。習近平総書記は袁隆平同志と4度会見し、袁隆平研究チームが果たした多大な貢献を高く評価した。袁隆平同志は2018年に「改革先鋒」の称号を、2019年には「共和国勲章」をそれぞれ授与された。

　袁隆平同志は新中国第1世代の傑出した科学技術従事者であり、中国の知識人の輝かしい模範である。農業科学者として70年間ひたむきに努力し、不屈の精神と決意をもってハイブリッドライスの科学研究に専念した。統計によると、1976年のハイブリッドライス普及以来、累計作付面積は90億ムー（6億ヘクタール）にまで達し、コメの累計増産量は8000億kgを超えた。ハイブリッドライスの栽培で毎年増産される食糧によって、8000万人分の人口を養うことを可能にした。

　袁隆平同志は、世界の食糧安全に傑出した貢献を果たした。生涯を通じて、「穂陰で涼む夢」「ハイブリッドライスで地球を覆う夢」という2つの夢を追い求め、ハイブリッドライスの発展と、世界の人々の幸せを生涯の使命とした。ハイブリッドライスは世界40カ国以上の国々で導入され、中国国外での作付面積は800万ヘクタールに達する。

袁隆平同志は、第5回全国人民代表大会代表および第6回から第12回までの全国政治協商会議常務委員として活躍した。
　袁隆平同志の生涯における最大の貢献は第1に、伝統的な理論の制約を打破し、ハイブリッドライスを発明したこと、第2に、ハイブリッドライス学を創設し、ハイブリッドライスの理論体系を構築したこと、第3に、困難を克服して、ハイブリッドライス技術の応用を推進し、中国の食糧安全に多大な貢献を果たしたこと、第4に、ハイブリッドライスの世界への普及に尽力し、人類の飢餓克服への責任を担ったことである。
　袁隆平同志は中国共産党と共に困難を切り抜け、互いに熱い絆で結ばれた人生、勇敢にイノベーションに挑み、真理を追求し続けた人生、祖国に強い愛情を抱き、人民に心を寄せた人生、世界へ目を向け、人々を幸せにさせた人生、名声や利益にこだわらず、無私の精神で奉仕を行った人生と、その一生は様々に彩られている。
　袁隆平同志の名は、広大な大地、さらには人々の心に刻み込まれ、「袁隆平星」はこの大地の上で光り輝いている。また、袁隆平同志の傑出した功績は中国だけではなく、世界にも影響を与えている。

　5月24日のこの日、趙立堅中国外交部報道官は定例記者会見の場において、海外メディアやインターネットユーザーがそれぞれに袁隆平を偲び、生前、食糧安全の推進と貧困撲滅に尽力し、人々の利益と幸福に顕著な貢献をした袁隆平に追慕と感謝の意を表していることについて次のように語った。「中国の著名な科学者であり、共和国勲章を受章した中国工程院の袁隆平院士の訃報に接し、国内外の各界から深い哀悼の意が示されている。これは、中国と世界におけるハイブリッドライス事業に対する袁院士の貢献が広く認められ、高い評価を得ていることを十分に示している。袁院士の逝去は中国と世界にとって大きな損失である。しかし、袁院士の名は永遠に人々の心に留まり、記憶に残るだろう」
　趙報道官はさらに、「現在、中国ではハイブリッドライスの年間作付面積が2億4千万ムー（1600万ヘクタール）に達し、毎年増産される食糧だけで8000万人を養うことが可能である。中国は世界の9％未満の耕地で世界の5分の1近くの人口を養い、自国の食糧問題も自ら解決しているが、これは袁隆平院士の努力と不可分である。また、我々は自国の食糧増産と収入増加に取り組む一方で、常に開放的、かつ責任ある態度をもって世界各国とハイブリッドライスの技術を惜しみなく共有してきた」と述べた。

引き続きハイブリッドライスの技術提供と対外開放がほぼ同時に行われてきたことについて、次のように紹介された。「1979年、中国は初めてハイブリッドライス種子の対外提供を行った。40年が経過した現在、そのハイブリッドライスはアジア、アフリカ、米国の数十カ国と地域で広く栽培され、年間作付面積は800万ヘクタールに達する。この40年間、袁隆平院士は自身の研究チームと共に、インド、パキスタン、ベトナム、ミャンマー、バングラデシュ、スリランカ、マダガスカル、米国等の国々に赴き、イネの研究者にアドバイスを与え、指導を行った。そして、80カ国以上の発展途上国のため、国際研修を通じて1万4000人以上に及ぶハイブリッドライス専門技術者の育成に携わった。こうした取り組みは、世界の飢餓と貧困問題の解決に大きく貢献している。黄金に輝きずっしりと重い稲穂は、お腹いっぱいに食べられる幸せと生活への希望を数えきれないほど多くの人々にもたらした」

　趙報道官は最後に「袁隆平院士は中国だけでなく、世界にも影響を与えた人物である。その袁隆平院士が生涯追求した夢は、ハイブリッドライスで地球を覆うことにより全ての人を飢えから開放することだった。中国は食糧自給という奇跡を生み出したが、世界の食糧安全保障に対してさらに貢献し続けていく意欲と能力を持っている。我々は、全ての関係者が協力し合うことで袁隆平院士の夢が必ず現実となり、飢餓や貧困が地球上からやがてなくなることを信じている」と述べた。

　「ハイブリッドライスの父」であり、中国工程院の院士でもある袁隆平を偲んだ多くの在中国外国公館からも、弔電が相次いで届けられた。

　在中国チリ大使館は弔電の中で、袁隆平院士はハイブリッドライスの研究分野において先駆者であり、リーダーでもあると述べ、世界の食糧安全問題の解決に対する多大な貢献と革新的精神を認め、2020年11月長沙市において、チリ外務省は袁隆平院士へマゼラン海峡賞を授与したと述べた。在中国チリ大使館は袁隆平院士の逝去に対する深い哀悼の意を表し、袁隆平院士の奉仕の精神と人々への卓越した貢献に最高の敬意を表した。

　在中国バングラデシュ大使館は弔電の中で、袁隆平院士が生涯を通じてハ

人々は袁隆平に対して深い哀悼の意を表した

イブリッドライスの研究開発に尽力し、その偉大な功績が中国だけでなく、バングラデシュを含む国や地域の人々の食糧確保に役立ったと述べた。また、袁隆平院士がハイブリッドライスの分野において果たした貢献により、バングラデシュは食糧自給自足を実現させる上で効果的な影響を受けたとし、人々の心に深く記憶されるだろうと述べた。

在中国イスラエル大使館は弔電の中で、2004年度ウルフ賞（農業部門）の受賞者である袁隆平院士は、世界の食糧供給の増加のために並々ならぬ貢献をし、世界各国の科学者と技術を共有してきたと述べた。袁隆平院士の逝去は世界全体にとって大きな損失であるとし、在中国イスラエル大使館は袁隆平院士の遺族に対し、最も深い哀悼の意を表した。

在中国モザンビーク大使館は弔電の中で、袁隆平院士がモザンビークにおけるハイブリッドライス栽培に自ら参加し、その普及に努め、両国の農業協力強化と友好的な交流の歴史に貴重な財産を残したと述べた。在中国モザンビーク大使館は、モザンビーク政府およびモザンビーク国民を代表し、袁隆平院士に最上の敬意を表した。

ラオス駐長沙総領事館は弔電の中で、袁隆平院士とラオス国家最高指導者との友好的な交流が、ラオスと中国、特にラオスと湖南省との友好関係をより緊密にしたと述べた。ラオス駐長沙総領事館は、中国共産党湖南省委員会、省政府、湖南省の人々、特に袁隆平院士の遺族に対し、深い哀悼の意を表した。

フィリピン駐広州総領事館は弔電の中で、袁隆平院士の先見性のある努力と農業技術のイノベーションにより、中国とフィリピンを含む世界各国の食糧安全が改善され、その研究からフィリピンの農業団体も恩恵を受けたと述べた。

その他、在中国メキシコ大使館、在中国カメルーン大使館、在中国スリナム大使館、在中国ルクセンブルク大使館、在中国ギニアビサウ大使館、タイ駐昆明総領事館等からも弔電が届けられ、袁隆平の逝去に対する深い哀悼の意が捧げられた。

国連の公式ソーシャルメディアアカウントは、次のような投稿をした。「袁隆平院士は食糧安全の推進、貧困撲滅、人々の幸福のために優れた貢献をされた。彼は真に得難い人物だった。ご冥福をお祈りする」

屈冬玉国際連合食糧農業機関事務局長は、ソーシャルメディア上に「生涯をハイブリッドライスに捧げ、中国の食糧供給を支えられた。敬愛する先生、永遠に」とのメッセージを投稿することで袁隆平を追悼した。屈冬玉事務局長は、袁隆平が生涯をハイブリッドライスの研究に捧げ、数十億人にのぼる人々の食糧安全を実現に尽力したことに言及し、袁隆平を自身の「インスピレーション

の源」、敬愛する「師」であるとし、袁隆平の逝去に深い悲しみを感じると述べた。

　在中国米国大使館の公式ソーシャルメディアアカウントも、袁隆平への追悼文を発表した。「私たちは、中国や世界中の人々とともに袁隆平氏のご逝去を深く悼んでいる。袁氏は農業科学とイノベーションの先駆者であり、『ハイブリッドライスの父』としてたゆまぬ努力をされ、世界の食糧安全に関する議論において根本的な変革をもたらした。ここに深い哀悼の意を表する。袁隆平氏は中国工程院院士、学者、発明家、企業家であり、世界の農業コミュニティの友人でもあった。2004年の世界食糧賞、国連教育科学文化機関（UNESCO）の科学賞、国際連合食糧農業機関の食糧安全栄誉賞を含む数多くの栄誉ある国際的な賞を受賞し、長年にわたり、米国農務省から派遣された大使館職員や、米国の科学者と対話や交流を幾度も行ったほか、自身の知識や見解を世界各国と共有することに取り組んでこられた。2007年、袁隆平博士は米国の科学・工学分野において最高の栄誉とも称される米国科学アカデミー（NAS）の外国人会員に選出され、中国の農業科学分野から選出された初の外国人会員となった。現在、米国科学アカデミーには20名以上の中国籍会員が在籍する」

　世界食糧賞財団は、公式サイトで同財団の名誉会長であるケネス・M・クイン大使のコメントを発表した。「袁隆平教授がご逝去され、中国と世界は地球上で最も偉大な農業科学者を失い、私自身も偉大な友人を失った。100年後も、中国と世界で袁教授のことを語る人がいるだろう。これこそが袁教授の残した偉大な功績である。ノーマン・ボーローグ博士のように、袁教授は驚くほど謙虚であり、名声やお世辞を求めることがなく、貧困撲滅や人々を飢餓から救うために尽力した。袁教授はいつも、オフィスにいるよりも試験圃場で作業着を着ることを好んだ。その姿はまるで、ボーローグ博士を彷彿とさせた」

　世界食糧賞財団のバーバラ・L・スティンソン会長は袁隆平に敬意を表し、「袁教授は、世界の飢餓撲滅に多大な貢献を果たした最も称賛に値する先駆者の1人だ。オープンなプラットフォームを通して自身の技術を惜しみなく世界に提供することで、飢餓撲滅に多大な貢献を果たした。当時、袁教授はハイブリッドライス品種の開発をリードしただけではなく、土地をコメ生産から養殖池、果物、野菜など、他の食品生産へと転換させ、中国における高栄養食品の種類を豊富にしたことでも称えられた」と述べ、さらに「袁教授は、食糧不足と飢餓に対抗するためのグローバルな遺産を築いた。袁教授とその研究パートナーは世界中を飛び回り、イネ研究者にアドバイスを与え、指導を行った。中国国家ハイブリッドライス工程技術研究センターは、50カ国以上から集まっ

た数千人の科学者を育成した。ハイブリッドライスがアジア、アフリカ、アメリカ大陸に広まるにつれ、世界各地の農家は皆、袁教授の技術による恩恵を受けた」と述べた。

海外メディアの多くは袁隆平を中国の科学の英雄と見なし、数十年にわたるイネ研究を高く評価した。ハイブリッドライス技術は中国に大きな利益をもたらしただけではなく、グローバルな遺産でもあると認められた。一方、中国では殉国の士を悼むように、人々は民族的英雄である袁隆平をそれぞれに称えて追悼した。

　育てたイネで世を救い、万人に食糧を満ち足りさせた。
　国のため、人々のために力を尽くし続けた英雄である。

　袁先生は人類に幸せをもたらした。中国人の食糧問題の解決だけではなく、世界の飢餓と貧困の解決にも卓越した貢献をされた。どうぞ安らかに。袁先生は永遠に私たちの心の中で生き続けている。

　袁先生、さようなら。生涯、人類の食糧安全に思いを寄せ続けた姿は、まさに時代の模範だった。明日の授業で袁先生について、教科書上の話だけではなく、実際にどのような行動をされた方なのか、そしてどれほど誠実な方だったのかを子どもたちに教えたい。

　袁先生に感謝している。先生のおかげで私たちはお腹いっぱい食べられ、必要な食糧を確保できた。世界中の人々がお腹いっぱい食べられるという理想を実現させるため、91歳を迎えても働き続けた袁先生。その精神は、私たちに深い感動を与え、精神的にも豊かにしてくれた。袁先生の名声を永遠に語り継いでいきたい。

　袁先生はご高齢でありながら、私たちに実り豊かな科学的成果と、貴重な精神的財産を残してくださった。

　袁先生は祖国の大地に論文を書き残し、時間を見つけては学生に三系法研究を指導された。私が最も尊敬する真の学者だ。

　袁先生は中国のイネ育種界と遺伝子育種界全体の模範だった。先生の逝去は中国および世界の「三農」の発展にとって大きな損失だ。

袁隆平を偲ぶ人々

野生イネ、ハイブリッドライス、スーパーライス……大国の食糧倉庫は先生の力のおかげで保たれた。三系法、二系法、一系法と世界は先生の後に続く。
　時代の偉人であり、農業科学技術者の永遠の模範だ。
　袁先生は純真な心で大地に深い愛情を持ち、水田を大切に見守った。
　これから毎年、稲の花が香る中で豊作を伝えるのは、きっと袁先生の声だろう……。
　たとえ何が起こっても、袁先生という灯台の灯りは忘れない。
　功労者である袁隆平は、人々の心の中で永遠に生き続ける。
　袁先生は、人類史上大きな奇跡を起こした。その奇跡はこの先の長い年月、子どもや孫の代にも伝わっていくことだろう。
　終わりなき科学の探究に挑まれた袁先生。先生は私たちの生活を支える存在であり、私たちは永遠に先生を忘れない。
　袁先生は世界中の人々の心の中にいる英雄であり、袁先生の追い求めた夢は実現され、人々は快適な生活を送っている。袁先生の創造力でこの世界が素晴らしくなったことに、とても感謝している。
　一筋の太陽の光のように祖国を照らし、この世界に温もりを与えた。
　袁先生は他人のために生涯を捧げてきた。だからこそ、多くの人々から尊敬と愛を寄せられるのだろう。
　袁先生は91年間の激動の人生に、束の間の別れを告げて星になった。そして、輝く星としてこの広大な空に光の軌跡を描いている。

功績は世界に広まり、国士無双の人物である。
国の柱石となり、功労は永遠に語り継がれる。

人々は袁隆平を心から追悼した

付録1

ハイブリッドライスのイノベーション研究を通じて得た教訓

袁隆平

　第1点目は、ハイブリッドライスの研究成果から、理論と現実を結合させる重要性を見出したことである。いかなる科学研究の成果も、綿密な実践と懸命な取り組みから生まれる。書物からイネの芽が出ることも、パソコンの中でイネが育つこともない。育種とは第一線で奮闘し、実践を重視することに他ならない。私は常々、助手たちを集めてはよく話し合う機会を持ってきた。課題に直面すると思考力が活性化されるため、実際の問題を解決する中で知識と力を身につけることができるからである。

　第2点目は、学術上の自由な思想と自主的な探求が非常に重要なことである。読書は必要だが本を盲信してはならない。若者は権威を尊重することも必要だが、盲信すべきではない。科学研究は疑問に挑み、問題提起が問題解決よりも重要である。疑問は科学研究の出発点であり、技術イノベーションの原動力と成功を得るための先決条件である。

　第3点目は、科学研究を行う上で失敗を恐れてはならないことである。失敗を恐れるならば、科学研究を行ってはならない。科学研究はスポーツの高跳びのように、最初は飛び越えられなくても経験を積んでいくことができる。

　第4点目は、科学研究は派閥にとらわれてはならないことである。科学技術の人的資源を発掘するとともに活性化させ、自主的なイノベーション能力をより広く解放させなければならない。

　第5点目は、より多くの若者に勉強を続けさせ、国内外の学術交流へ参加させる必要性があることである。これは非常に重要である。環境を整備して若者が学術面で実績を挙げられるように導き、科学研究の成果を収めさせなければならない。さらには能力と人格を備えた学術界のリーダーへと育成することが必要である。

第6点目は、思考方法に関して3つの考え方を得たことである。1つ目は、大胆に仮説を立て、緻密に検証をすること。科学の仮説とはある種、逆行的な思考であり「自明な命題」の形式として現れる。実際は長期的な科学研究の実践において形成されるロジックの起点であり、さらに推論と思考を促すのである。2つ目は、直感的な思考を用いて、インスピレーションを得ること。インスピレーションは科学研究においても芸術創作と同じように、重要な役割を果たす。インスピレーションとは知識、経験、追求および思索を一体化して得る精華であり、外部からの刺激により生まれる。同時に、インスピレーションはひらめき（思想の火花）の形式で現れる。よって、科学研究の過程ではひらめきを取りこぼしてはならない。3つ目は弁証唯物主義哲学を学び、唯心主義哲学に対する理解を深めることである。

付録2

私の「稲穂の陰で涼む夢」と「中国の夢」

袁隆平

　ハイブリッドライスの研究に従事する私には2つの夢がある。1つ目は「稲穂の陰で涼む夢」であり、2つ目は「地球をハイブリッドライスで覆う夢」である。1つ目の夢は、本当に見た夢だった。夢の中で、試験圃場のスーパーライスがコーリャンよりも高く育ち、ほうきのように長い穂をつけ、落花生のように大きく実っている。私はとても喜び、同僚や助手たちと共に滝のような稲穂の下で涼んでいる――。そして、2つ目のハイブリッドライスで地球を覆うことは、私が現在追い求めている夢である。

　コメ、小麦、トウモロコシは世界の主要な三大穀物である。その中でもコメは別格であり、コメを主食とする割合は世界人口の半数以上を占め、我が国ではその割合はさらに高く、60％以上を占める。

　食糧安全を保障し十数億人の食糧問題を解決するため、私たちは1996年に「中国スーパーライス研究計画」を立ち上げた。スーパーライスとは超高収量のイネを意味し、本計画は3期に分けられた。第1期は大面積モデル圃場で1ムー当り700kg、第2期は1ムー当り800kg、第3期は1ムー当り900kgの収量を計画した。2000年、第1期スーパーライス計画を実現し、現在大面積での栽培へ応用されている。2004年、計画よりも1年前倒しで、1ムー当りの収量で800kgを達成した。第3期の1ムー当り900kgの生産についても各機関が連携し、当初の計画よりも4年を前倒して2011年に達成した。2014年には、1ムー当りの収量で1000kgを突破した。

　イネの生産量を高めるには4つの「良」が必要である。1つ目は品種が良いこと。優良品種が必須である。2つ目は栽培技術が優れていること。良い手段が必要である。3つ目は水田が良いこと。良田が基本である。砂地あるいは強いアルカリ性や酸性、汚染された土壌など、水田が不良であってはならない。4つ目は良い生態環境であること。気候が重要である。気候のコントロールは現時点では不可能であるため、リスクを回避して気候変化への適応が必要である。

　1ムー当り1000kgの収量を実現した後、新しい目標について尋ねられたこと

があった。私は「老驥櫪に伏すとも、志千里に在り」の精神を奮い立たせ、「稲穂の陰で涼む夢」を実現し、さらに先を目指したいと答えた。また、イネの収量目標には限界があるかとも聞かれた。イネの光合成効率の理論からいえば、太陽エネルギーの5%は有機物に変えられる。この理論的数値に基づき、光合成効率を2.5%として長沙市の太陽エネルギーに基づいて計算すると、一毛作のイネで1ムー当りの見込み収量は1500kgになると答えた。つまり、1ムー当り1000kgの収量を実現した後も、さらに収量を増やすことが可能なのである。これが私の1つ目の夢であり、「稲穂の陰で涼む夢」の実現を願っている。

　2つ目の夢はハイブリッドライスで地球を覆うことである。世界には22億5千万ムー（1億5千万ヘクタール）の水田があり、平均単収は280kgである。日本は科学技術先進国であり、2600万～2700万ムー（約173万～180万ヘクタール）の水田面積で、平均単収は450kgである。インドは技術を発展させている稲作大国であり、イネの1ムー当りの平均収量は200kgである。我々のハイブリッドライスの栽培面積は2億5千万ムー（約1667万ヘクタール）と日本のイネの栽培面積のほぼ10倍であり、イネの1ムー当りの収量は500kgを超える。毎年、ハイブリッドライスの増産分で、7000万人分を養うことができる。私たちの第1期スーパーライスの大面積栽培への応用は2000万ムー（約133万ヘクタール）であり、1ムー当りの平均収量は550kgである。第2期スーパーライスの栽培面積は1000万ムー（約67万ヘクタール）に近く、1ムー当りの平均収量は600kgを越える。第3期スーパーライスはまだ大規模な生産には積極的に応用されていないが、1ムー当りの平均収量は650～700kgと見込まれる。よって、我々中国人は努力を通じ、自分たちの食糧問題を自分たちの力で解決することが可能なのである。

　2012年、中国のハイブリッドライスはインド、ベトナム、フィリピン、インドネシア、バングラデシュ、パキスタン、米国などの国で普及され、その面積は7800万ムー（520万ヘクタール）に達した。1ヘクタール当りの平均収量は、現地の優良品種の収穫量に比べて2トン前後高い。もし世界の水田の半分でハイブリッドライスを栽培し食糧を増産させれば、1ヘクタール当りの収量は平均で2トン増える計算となり、4億から5億人分多くの人口を養うことが可能になる。

　現在私たちは1つ目の「稲穂の陰で涼む夢」の実現に取り組んでいる。2つ目の夢を実現させるために、何点か提案をしたい。

　まず、国が対外開放をさらに進め、私たちの最高の二系法ハイブリッドライ

スの海外進出を促進すべきことである。

　その次に、1、2社のリーディングカンパニーを国が育成し、海外への進出を促すことである。これらのリーディングカンパニーを優遇政策により後押しすることで、世界市場のシェアを占めることが可能になる。例えば、米国デュポングループのパイオニア・ハイブレッド・インターナショナル社は、世界の80％のトウモロコシを扱っている。同社のハイブリッドトウモロコシは相対的に優れているが、私たちのハイブリッドライスは絶対的に優れている。同社の種子は世界のトウモロコシ栽培面積の80％を占める。その一方、私たちは中国のハイブリッドライスが世界の半分を覆うことを目標とする。国が数社のリーディングカンパニーの海外進出を促し、政策支援を実施すれば、私たちの企業は事業を成功させ、しかも、より効率的に行うことが可能になる。私たちは毎年、ハイブリッドライス技術研修事業を数多く行っており、アジア、アフリカおよびラテンアメリカの数十カ国の技術スタッフを養成している。

　最後に、長沙市を「ハイブリッドライスの国際的な都」とすべく、全国の力を結集して、プラットフォームを作り上げていく。このプラットフォームに科学研究力、種子資源、優秀な人材を集結させ、ハイブリッドライスの研究センター、国際トレーニングセンター、会議センター、展示センター、交易センター、および情報センターなどとして整備する。このプランにより私たちのハイブリッドライスのためにより良いプラットフォームの構築が可能になり、世界へ進出していけるのである。

（2013年編集）

付録3

袁隆平先生の科学的思考について

辛業芸

20世紀において大空に輝く星のように、科学技術文明は非常に多くの奇跡を成し遂げた。「オリエンタルミラクルライス」と呼ばれる奇跡もその1つであり、中国を食糧不足から救っただけではなく、世界規模で「緑の嵐」を巻き起こし、世界中の人々に幸せをもたらした。これは中国の1人の科学技術者が成し遂げた奇跡であり、その科学者こそが「ハイブリッドライスの父」と呼ばれる袁隆平先生である。世界の農業発展史には、袁先生の名前と偉業が燦然と刻まれている。その大きな影響力は21世紀へと続き、さらにより広くより先へと続いていくことだろう。

袁隆平と辛業芸（著者）

袁先生のハイブリッドライス研究の歴史を振り返ると、まさに開拓者として刷新と超越の道を揺るぎなく歩んで来たことが分かる。1960年代初頭から続く50年余りの科学研究生活は、憂いと喜びの連続であり、袁先生はエピソードで彩られた人生を過ごした。ハイブリッドライス発展の過程で得た経験と教訓は、袁先生の学術的思想の輝きを映し出す。袁先生の科学的思考の特徴について、次の4点から語っていきたい。

第1点目は、疑問を持つことであり、袁先生の科学的思考方式の中で最も根本的な特徴である。

袁先生は疑問に突き動かされながら、ハイブリッドライスの研究において、リーダーとなり新天地を次々と切り開いてきたといえる。

ハイブリッドライスは周知の通り我が国の特許であり、世界をリードする立場にある。そして袁先生は世界で初めてイネの雑種強勢の利用に成功した科学

者である。袁先生がハイブリッドライス研究を始めた頃、参考にできる経験はほとんどなかった。イネの雑種強勢現象は、90年余り前に米国の科学者ジョーンズにより発見された。のちに日本、インド、イタリア、フィリピンなど十数カ国が相次いで研究を展開したが、いずれも成功には至らなかった。1961年、袁先生は圃場で1株の生育が極めて優れた特異なイネを偶然見つけた。当時、袁先生は授業を受け持つほかに実験研究を行い、ミチューリン、ルイセンコの遺伝学説を検証していた。袁先生は大学時代にメンデル、モーガンの近代遺伝学説に造詣を深め、また読書や資料の精査および外国の雑誌から多くの知識を得ていた。そして、2つの学説を比較し、「反動的」「唯心的」とされたメンデル、モーガンの学説の方が、当時主流とされたミチューリン、ルイセンコの学説よりも進んでいると密かに考えていた。袁先生は圃場で発見した特異なイネの種子を集め、翌年種子を栽培し継続して実験を行った。しかし、満足のいく結果は得られなかった。子世代の性状に分離が生じ、親を超える株が1つもなかったからである。袁先生は権威のある本に「イネは自家受粉作物であり、雑種強勢はない」との概念が明記され、この概念はまるで疑う余地のない定説であることを知っていた。この時、もし袁先生が「イネには雑種強勢がない」との理論にとらわれていたならば、ハイブリッドライスは現在生まれていなかっただろう。しかし、袁先生はメンデルやモーガンの分離の法則などに関する知識を通じて、この特異なイネは天然のハイブリッドライスだと考え、「バイブル」に対して疑問を持った。そして、「イネの雑種強勢を利用するには、まずイネの雄性不稔性を利用する」という構想から、ハイブリッドライスの人工的な育成プランを考え出した。そのプランとは不稔系統、維持系統と回復系統を育て、さらに三系法を通じで循環交雑を行って不稔系統繁殖を完成させ、交雑による種子生産および大面積でのハイブリッドライス栽培へ応用することである。袁先生のこの疑問はハイブリッドライス研究の幕を開け、さらに中国人が自らの力と刻苦奮闘を通じて、ハイブリッドライス研究で成功を収める道へと導いた。

　1970年、袁先生がハイブリッドライスの研究を始めてからすでに6年が過ぎていた。しかし、助手と共に1000余りの品種を試し、3000を越える交雑組合せ試験を行っていたが、不稔株率と不稔度がともに100％になる雄性不稔系統は1つして得られていなかった。納得できる結果が得られないのはなぜか。次々と疑問が湧いた。「文化大革命」の逆境の中でも心が折れなかった袁先生だったが、科学研究の過程で起こる難題に頭を抱えた。問題に直面して思考の扉を大きく開け、親本の類縁関係の距離が交雑後代へ与える影響に関する遺伝

学理論の中に答えを探した。そして、数千回の試験に用いた交雑材料の類縁関係が近すぎたという問題の本質を発見した。袁先生は研究計画の修正を決め、「遠縁の野生イネおよび栽培イネの間で交雑を行う」という新たな構想を立ち上げた。これが天然の雄性不稔性の野生イネ——「野敗（イエバイ）」を探し出す動機になった。「野敗」の発見はハイブリッドライス研究の突破口となって新たなチャンスをもたらし、科学研究の探索において重要な転機になった。その後、わずか2年の間に、初となる雄性不稔性——「二九南1号A」の育成に成功し、続いて1973年には三系法の組合せ、さらには顕著な雑種強勢を持つ革新的なハイブリッドライス「南優2号」の育成にも成功した。

それ以降の科学研究実践においても同様に、袁先生はいかなる疑問も軽視することなく、確実な解決に努力した。疑問が解決されるたびに、ハイブリッドライス研究は質的な飛躍を遂げていた。

第2点目は、大胆な仮説と慎重な検証を行うことである。これは袁先生の科学思考方式において特徴的な点である。

科学の仮説とは学問の発展において最先端の問題として、一種の大胆なイノベーションを明示する。考証を重ねることで突破口が得られると、学問の発展に大きな影響を与える。

ハイブリッドライス研究分野の専門家たちは口々に、ハイブリッドライス研究が困難にぶつかり転換期を迎えると常に、袁先生から進むべき道を正確に示されたと感慨深く語っている。これはまさに、袁先生が大胆に仮説を立て、問題に立ち向かっていたことを証明している。困難に直面しても恐れず、要点をつかむ。袁先生は豊富な経験に基づいて次の段階に向けた合理的な計画を立て、実践を通じて検証を行っていた。この点は二系法研究過程でその本領を発揮した。1987年、袁先生は「ハイブリッドライスの育種戦略構想」を発表し、ハイブリッドライス研究を3つの発展段階とする戦略構想を提起した。1987年、二系法ハイブリッドライスは国家「863」計画プロジェクトに組み込まれ、袁先生を首席専門家として、全国的な協力体制が組織された。明確な指導により二系不稔系統は迅速に育成された。しかし、1989年の夏に起きた異常な低温により、二系法は重大な挫折に直面した。鑑定を通じて、不稔性と認定された材料が稔性を回復する現象が確認され、二系法研究の前途が危ぶまれたのである。袁先生はこの時もリーダーシップを発揮し、これらの不稔系統の1つずつに対して検査と詳細な分析を行った。そして、イネの日長感応性雄性不稔系統の選抜において、まず考慮すべきなのは稔性の温度に対する反応であり、日照時間の長短だけではないとした。雄性不稔性の開始温度を低くすることが、最

も重要な指標だと考えたからである。過去の気象資料などに基づき、湖南省の稔性限界の温度を23度と確定し、不稔系統選抜の新たな技術戦略を提起した。このような技術方針の決定は専門家の自信を強め、思想的な懸念が解消された。そして、袁先生の優れた計画により、湖南ハイブリッドライス研究センターは要求を満たす低温度感応性不稔系統——「培矮64S」の育成に成功した。「培矮64S」はのちに、「両優培特」の組合せを生み、全国で初めて省レベルの鑑定に合格した両用不稔系統と二系法の先駆的組合せになった。この技術戦略に基づき、実用的な温度感応性雄性不稔系統と二系ハイブリッドの組合せが続々と育成され、二系法ハイブリッドライスは試験研究から実用的な生産への転換が可能になった。

　二系法ハイブリッドライス研究の進展に伴い、新たな問題が現れた。温度感応性雄性不稔系統の栽培過程で、高い温度に反応する個体の確率が毎年増加する現象である。不稔性開始温度の変化を防止するため、袁先生は即座にイネの温度感応性雄性不稔系統の純度保持方法と原種生産手順を提案した。その仕組みとは、単株選択→低温または長日低温処理→再生種子採取（育種家種子）→原原種→原種→種子生産である。このような純度保持と原種生産手順は、不稔開始温度が次第に高くなり、不稔系統の実用価値を失うという問題を解決させた。その上容易に実施でき、1株の再生イネで100ムー（約6.7ヘクタール）の水田で使用できる原種生産を可能にした。生産への応用が推進されると、イネの温度感応性雄性不稔系統の純度保持と繁殖の新しい体系になり、著しい効果を挙げた。

　二系法ハイブリッドで基本的な成功を収めた後、袁先生は亜種間のハイブリッドライス選抜を進むべき方向と定めた。そして、育種技術を応用して様々な障害を克服し、イネの亜種間で見られる顕著な雑種強勢を活かして経済的な生産を行うべきだとの考えを明らかにした。特に雑種の結実率と不安定さおよび充実度の不良という問題を主な改善点として指摘し、さらに亜種間のハイブリッドライスの組合せについて次の8項目の原則「矮中求高、遠中求近、顕超兼顧、穂求中大、高粒葉比、以飽攻飽、爪中求質、生態適応」（倒れない高さの追求、遺伝的差異の接近、超顕性作用の発揮、中大程度の穂の追求、高粒葉比の追求、粒の高充実度品種の選択、ジャバニカの利用、生態への適応）を発案した。この8項目の原則はその後、全国の専門家が研究を深めるための指導指針となった。1997年には、光合成効率を向上させる超多収ハイブリッド形態モデルおよび選抜技術路線を発表し、中国におけるスーパーハイブリッドライス研究を開始した。その中で、亜種間の雑種強勢を利用した高収量の組合せ選

抜が、最も実現可能で有効かつ効果的な方法だと考えられた。つまり、「短簡速」を主軸とした「培矮64S」を重点とし、さらに広範囲に検定交雑と選別を進めて高収量の組合せを選ぶという方法である。この技術路線の指導の下、「培矮64S」シリーズの組合せを含むスーパーハイブリッドライスの実用化が見込める組合せが次々と生まれ、大きな成果を挙げた。「両優培九」を代表とする組合せは、2000年に農業部が制定したスーパーライス第1期大面積モデルにおいて、1ムー当りの収量で700kgという指標を達成した。それからも袁先生は研究チームを率いて奮闘を続け、「Y両優1号」「Y両優2号」など強勢が顕著な組合せを選抜し、いずれの計画も前倒しで実現した。また2004年、2011年と相次いで第2期大面積モデルで1ムー当り800kgの収量、第3期大面積モデルで1ムー当り900kgの目標を達成した。袁先生はなおも結果に満足せず、大胆な仮説を立て、株の背丈を高くして亜種間の顕著な雑種強勢の利用を考えた。そして高度な耐倒伏性を持ち超高収量が期待できる新しい組合せの育成を計画し、研究チームを指導して技術開発に取り組んだ。続いて2013年9月には、湖南省隆回県羊古坳郷牛形村の第4期スーパーハイブリッドライス中稲の先駆的な組合せ「Y両優900」が、100ムーモデル圃場において1ムー当りの平均収量で988.1kgを達成した。さらに2014、2015年と4つの「良」（良種、良法、良田、良態」の方針で技術開発を進め、2014年10月10日、湖南省溆浦県横板橋郷紅村星の100ムーモデル圃場において1ムー当りの平均収量で1026.7kgの指標を達成した。2015年には、湖南省隆回県などのモデル圃場で1ムー当りの平均収量が1000kgを超え、第4期スーパーハイブリッドライスの目標を達成した。特に直近ではスーパーハイブリッドライス「超優千号」が選抜され、2015年9月17日、雲南省の箇旧市大屯鎮100ムーモデル圃場において1ムー当りの平均収量で1067.5kg（1ヘクタール当り16.01トン）の世界記録を打ち立て、第5期スーパーハイブリッドライス計画を大きく進展させた。雲南省箇旧大屯モデル圃場では2018年9月3日、「超優千号」の組合せで、1ムー当たりの平均収量が1152.3kg（1ヘクタール当たり17.28トン）に達し、世界記録を再び打ち立てた。

　第3点目は、直感を大切にしてインスピレーションを得ることである。これは袁先生の科学的思考の中で最も魅力的な特徴である。

　直感的思考は一種の創造的思考に属す。長期的な活動期間に蓄積された潜在的知識が「活性化」されて一種の思考要素となり、新たな思考過程に関係し、直感的な創造により劇的な成果を生み出す。いわゆる直感的な洞察力や、インスピレーションのひらめきとは、まさにこの通りだといえよう。アインシュタインは直感的な創造性は経験の基礎の上に成り立つとした。さらに、インスピ

レーションは神から与えられるのではなく、現在よりも過去に深く根ざし、これまでの実践の基礎から生まれると考えた。袁先生はインスピレーションから得るひらめきを非常に重視しており、インスピレーションの火花が散った瞬間に得る奇跡的なひらめきを、すぐに書き記していた。

先に述べたように1961年、偶然見つけた1株の生育が極めて優れた特異なイネからひらめきを得て、そのイネが天然のハイブリッドライスだと見抜いた。「天然のハイブリッドライスが存在する以上、その法則を見つけ出せば人工的なハイブリッドライスを作れる」というひらめきは、袁先生に大きな自信と原動力をもたらした。袁先生がハイブリッドライスを生涯の研究として選んだのは、イネが雑種強勢を持つだけではなく、人工的な栽培も可能だと考えたからである。

袁先生はかつて「稲穂の陰で涼む夢」を見た——コーリャンよりも高く育ったイネの稲穂はほうきのように長く伸び、落花生のように大きく実る。仕事に疲れると、仲間と一緒にその稲穂の陰で涼み、散歩を楽しむ——。その夢には、ハイブリッドライスにかける強い思いがあふれているといえるだろう。この高度な課題に対して、1985年、袁先生は国際的な発展を見越してスーパーハイブリッドライスの目標を提起した。そして30年余り、困難を恐れず目標の達成を追い続けた。その結果、現在では4期にわたるスーパーハイブリッドライスの目標は全て達成されている。

第4点目は、マルクス主義哲学の立場、観点、方法をうまく用いて科学研究の実践を指導したことである。これは袁先生の科学的思考方式に備わった科学的な特徴である。

近現代科学史上で独自の道を切り開き、理論面で重要な発見、または技術面で劇的な発明や創造を行った卓越した科学者や発明家は、哲学的思考に導かれる科学的思想を重視している。20世紀の科学の巨人であるアインシュタインは、科学的探求において哲学を「全ての科学研究の母」だと捉えた。我が国の傑出した科学者である銭学森はかつて、「マルクス主義哲学は宝であり、鋭利な武器である。我々が科学研究にこの宝を用いないのは、余りにも愚かである」と語った。袁先生は国内外の多くの科学者と同じように、哲学の学習を非常に重視し、エンゲルスの『自然弁証法』、毛沢東の『矛盾論』『実践論』を学んだ。そして、先進的な哲学的思考を進むべき方向として、多岐に及ぶ科学的思考形式に基づいた実務の指導に長けていた。1970年代初め、ハイブリッドライス研究は重要な段階に入った。当時の交雑組合せでは、強勢は顕著だったが結実率は高くはなく、コメの収量は増えず稲わらの収量だけが倍になった。

ハイブリッドライスに疑いを持つ者は「稲わらだけが多く籾は少ない」という状況に、「稲わらは食べられない。もし食べられたならば、ハイブリッドライスには大きな未来がある」と嘲笑した。袁先生はあきらめず、考証を重ねた。袁先生はイネの雑種強勢の有無の確認が大前提だと考えていた。そのため実験は失敗に見えても、イネに顕著な雑種強勢があることを証明できたため、実質的には成功といえた。強勢が籾に現れるか稲わらに現れるか、これは技術上の問題だった。強勢があると分かれば、技術の改良を通じて籾に強勢が現れるようにすることが可能だったからである。袁先生は弁証的な視点からこの問題に取り組むことで、考え方と技術面の間に現れた齟齬を正し、研究に対する理解と支持を得た。このことは、ハイブリッドライス研究の最終的な成功に繋がり、非常に大きな意義があった。

　袁先生はかつてハイブリッドライス育種研究の長期実践経験をまとめた際に、次のような教訓を得たと話された——「これまで、育種により作物の収量向上を行う方法は2つしかなかった。1つ目は形態改良であり、2つ目は雑種強勢の利用である。単純な形態改良では潜在力に限界があるため、雑種強勢と形態改良の良好な結合を欠けば、十分な結果は得られない。その他の育種方法および遺伝子工学を含む高度な技術は、最終的には良好な形態および顕著な雑種強勢がある上で用いられなければ、収量の向上をもたらさない。しかし、育種をさらに高い段階へと発展させるには、バイオテクノロジーの進歩にも依る必要がある」。これらは袁先生が実践を重視し、経験を蓄積して得た結果である。これは思弁哲学的な色彩にあふれ、ハイブリッドライス研究分野にとっての至理名言であり、作物の遺伝育種分野にとっても正しい見解である。育種家に対して進むべき方向性を見定め、回り道を防ぐための忠告であり、袁先生の献身的な精神の表れだといえよう。

　袁先生は我が国の科学技術界を代表する傑出した人物であり、その功績は紛れもなく私たちの学ぶべき模範である。その理想、追求もまた私たちが見習うべき目標である。袁先生の科学的思考は私たちにとって貴重な思想の財産であり、力の源泉である。米国の著名な農業経済学者ドン・パールバーグの言葉にあるように、「袁先生は私たちを豊かで満ち足りた世界へと導いている」のである。さらに、袁先生は私たちに健全かつ豊富な思想の宝庫を与え、私たちを崇高で智慧に満ちた精神世界へ導いているといえるだろう。

（本原文は『科学通報』2016年第35期に掲載）

付録4

袁隆平院士年表

1929年8月13日（旧暦7月9日）
　北平協和医院で生まれる。

1931〜1936年
　父母に伴って北平、天津、贛州、徳安、漢口などに居住。

1936年8月〜1938年7月
　漢口扶輪小学校に通学。

1938年8月〜1939年1月
　湖南省澧県弘毅小学校に通学。

1939年8月〜1942年7月
　重慶竜門浩中心小学校（現重慶市南岸区竜門浩隆平小学校）に通学。

1942年8月〜1943年1月
　重慶復興中学（中等部）に通学。

1943年2月〜1944年1月
　重慶贛江中学（中等部）に通学。

1944年2月〜1946年5月
　重慶博学中学（中等部）（現武漢四中・博学中学）に通学。

1946年8月〜1948年1月
　漢口博学中学（高等部）に通学。

1948年2月～1949年4月
南京国立中央大学付属中学（現南京師範大学付属中学）（高等部）に通学。

1949年9月～1950年10月
重慶市北碚夏壩にあった相輝学院農学部に在籍。

1950年11月～1953年7月
西南農学院（現西南大学）農学部に在籍。

1953年
9月、西南農学院農学部を卒業し、湖南省安江農業学校（現湖南省懐化職業技術学院）の教職に就く。

1956年
安江農学校で農業育種研究を開始。

1961年
安江農業学校の農業実習中に早稲を植えた圃場で生育が極めて優れた特異なイネを発見。のちに実験を通じてこのイネを天然のハイブリッドライスと断定し、イネの雄性不稔性研究を志す。

1964年
「洞庭早籼」の圃場から天然の雄性不稔株を発見。
鄧則と結婚。

1966年
『科学通報』1966年第17巻第4期に初となる論文「イネの雄性不稔性」を発表。
国家科学技術委員会が湖南省科学技術委員会および安江農業学校に書簡を送り、袁隆平のイネの雄性不稔性研究の支持を表明。

1967年
李必湖、尹華奇と共に正式にイネの雄性不稔性研究チームを結成。

1968年
　広東省海南島（現海南省）で冬期繁殖と育成を実施。この年から繁殖と育成過程を促進するため、毎年10月には雲南省、広東省、広西省などの南方地域に赴き「南繁」を実施。

1970年
　助手の李必湖と馮克珊が海南島の南紅農場で「野敗」を発見し、インディカ型ハイブリッドライス三系組合せのために突破口を開く。

1971年
　湖南省農業科学院に新設されたハイブリッドライス研究協力チームに異動。

1972年
　中国で生産に初めて応用された不稔系統「二九南1号A」を選抜。

1973年
　江蘇省蘇州市で開催された第2回全国ハイブリッドライス科学研究協力会議で「『野敗』を利用したイネ三系法の状況報告」と題するスピーチを行い、中国におけるインディカ型ハイブリッドライス三系組合せの成功を宣言。

1974年
　中国初の雑種強勢が顕著なハイブリッドライスの組合せ「南優2号」を選抜し、組合せ選抜の難題を克服。

1975年
　海南島でハイブリッドライスの種子生産を指揮、技術総顧問に就任。種子生産面積は6万ムー、そのうち湖南省は3万ムーを占める。

1977年
　「ハイブリッドライス育成の実践と理論」と「ハイブリッドライス種子生産および高収量の鍵となる技術」の論文2編を発表し、ハイブリッドライス研究および応用の経験を総括。

1978年
　全国科学大会に出席、表彰を受ける。
　湖南省農業科学院研究員に昇格。

1979年
　フィリピンで国際稲研究所が主催する学術会議に出席し、「中国におけるハイブリッドライスの育種」論文を発表。中国のハイブリッドライス研究および応用レベルが、国際的にリードする立場にあると出席者に認められる。
　国務院から全国先進科学技術工作者および全国労働模範の称号を得る。
　農業部科学技術委員会委員、中国作物学会副理事長などを歴任。

1980年
　米国に招かれハイブリッドライス種子生産技術指導に従事、フィリピンマニラ市所在の国際稲研究所と技術指導および共同研究を実施。
　中国農業科学院および国際稲研究所が共同で国際ハイブリッドライス育種研修課程を実施。

1981年
　袁隆平をリーダーとする全国インディカ型ハイブリッドライス科学研究協力チームが結成され、建国以来初となる特等発明賞を受賞。

1982年
　「ハイブリッドライスの父」と国際的に称される。

1984年
　湖南ハイブリッドライス研究センター所長に就任。

1985年
　世界知的所有権機関（WIPO）「傑出した発明家」金賞および栄誉賞を受賞。

1986年
　ハイブリッド早稲の新しい組合せ「威優49」を育成。
　イタリアで開催された無融合生殖利用による作物改良の潜在力国際学術シンポジウムに出席。

湖南省長沙市で開催された第1回ハイブリッドライス国際学術シンポジウムで「ハイブリッドライス研究と発展の現状」と題する報告を行い、今後のハイブリッドライス発展の戦略構想を提起。

1987年
国家「863」計画の二系法ハイブリッドライス研究と応用プロジェクトチームの責任者、主任専門家に就任。
国連教育科学文化機関（UNESCO）の1986～1987年度科学賞を受賞。

1988年
日長感応性核不稔系統を育成。
英国ランク財団の「農学と栄養賞」を受賞。

1990年
国際連合食糧農業機関（FAO）首席顧問に就任、委託を受けインドでハイブリッドライスの技術指導を実施。

1991年
湖南省農業科学院名誉院長に就任。

1992年
湖南省長沙市で開催されたイネの無融合生殖国際シンポジウムに出席。
中国代表団を率いてフィリピンの国際稲研究所で開催された第2回国際ハイブリッドライス学術シンポジウムに出席。

1993年
米国ファインスタイン財団の世界飢餓救済賞を受賞。

1994年
第1回何梁何利基金の「科学と技術進歩賞」を受賞。

1995年
中国工程院院士に選出。
国際連合食糧農業機関（FAO）の食糧安全保障栄誉賞を受賞。

国家ハイブリッドライス工程技術研究センター所長に就任。

1996年
中共中央宣伝部および中華全国総工会が北京人民大会堂において合同で開催した「全国科学技術者十傑」の表彰式に出席し、「私の生涯の追求——ハイブリッドライス研究の新たな目標への挑戦と、中国の食糧問題解決について」と題してスピーチ。

日経アジア賞（経済技術部門）を受賞。

1997年
「国際農作物雑種強勢利用分野における傑出した先駆的科学者」の栄誉称号を受称。

1998年
北京で開催された第18回国際遺伝学大会に出席、「超高収量ハイブリッドライスの選抜」と題して報告。

上海で開催された第6回国際稲分子生物学会議に出席。

日本のコシヒカリ国際稲賞を受賞。

1999年
袁隆平農業高科技股份公司を設立。

湖南省長沙市で開催された「袁隆平農業科学技術賞」の第1回受賞式および袁隆平学術思考と科学研究実践セミナーに出席。

北京人民大会堂で開催された「袁隆平星」小惑星命名式に出席。

2000年
フィリピンで国際稲研究所が開催した稲科学研究会議に出席、「スーパーハイブリッドライスの育種」論文を発表。

2001年
第1回国家最高科学技術賞を受賞。

フィリピンのラモン・マグサイサイ賞を受賞。

2004年
　イスラエルウルフ財団のウルフ賞農業部門を受賞。
　ハイブリッドライス研究40周年記念大会および国際ハイブリッドライスと世界食糧安全フォーラムを主催。
　米国世界食糧賞財団の世界食糧賞を受賞。
　中央電視台の「中国を感動させた人物・2004年度の人物」十大人物の1人に選出。

2005年
　アジア太平洋種子協会（APSA）のAPSA優秀研究業績賞を受賞。

2006年
　米国科学アカデミー外国人会員に選出。

2007年
　中国国家ハイブリッドライス工程技術研究センターと米国デュポングループのパイオニア・ハイブレッド・インターナショナル社が、湖南省長沙市で開催した科学技術協力協定の調印式に、中国側代表として出席し署名。

2008年
　湖南省長沙市で開催された第5回国際ハイブリッドライスシンポジウムに出席し「中国におけるスーパーハイブリッドライス研究の最新状況」の研究報告を実施。
　「改革の星——中国の改革30年に影響を与えた30人」「中国改革開放30年、中国経済に影響を与えた30人」「中国改革開放30年・中国『三農』人物30人」などの栄誉称号を受称。

2009年
　中国ハイブリッドライス技術対外協力部長級フォーラムに出席。
　「新中国成立以来、中国を感動させた100名の人物」に選出。

2010年
　フランス農事功労章コマンドゥール、日本の「食の新潟国際賞」を受賞。

2011年
台湾地区を訪問し、学術交流を実施。
国務院から「全国食糧生産において傑出した貢献を行った農業科学技術人員」の栄誉称号を受称。

2012年
マレーシアのマハティール科学賞を受賞。
中国科学技術協会「十大全国優秀科学技術者」の名誉称号を受称。
中国アフリカ人民友好協会から第4回中国・アフリカ友好貢献賞を受賞。
インドのハイデラバードで第6回国際ハイブリッドライスシンポジウムに出席し、ハイブリッドライスの将来へ向けた発展を指導する研究報告を行う。

2013年
第1回フィリピンハイブリッドライス大会に出席。
湖南省懐化市安江農業学校記念園で中国郵政が主催した「ハイブリッドライス」特別切手発売記念セレモニーに出席。

2014年
二系法ハイブリッド技術研究と応用の指導により2013年度国家科学技術進歩賞特等賞を受賞。
指導する科学研究チームの重要科学研究プロジェクト——スーパーハイブリッドライス「種三産四」多収穫プロジェクトの研究および応用が、2014年度湖南省科学技術進歩賞1等賞を受賞。

2015年
9月19日～22日、カンボジア王国政府農業および農村発展委員会の招きにより、訪問団を率いてカンボジアを訪問、農業発展およびハイブリッドライスの生産を視察。
9月23日、香港世界華商投資基金会の第14回世界傑出華人賞を授賞。
スーパーハイブリッドライス100ムー高収量計画、「百千万」高収量モデルプロジェクト」、「種三産四」多収穫プロジェクト、「三一」食糧高収量プロジェクトの主管した四大食糧科学技術プロジェクトで顕著な成果を挙げる。

2016年

3月23日、海南省三亜市で開催された瀾滄江・メコン川協力第1回首脳会議現場会で、ハイブリッドライスを視察する中国の李克強総理、タイのプラユット首相、カンボジアのフン・セン首相、ラオスのトーンシン首相、ミャンマーのサイ・マウ・カン副大統領、ベトナムのファム・ビン・ミン副首相など6カ国の指導者および随行の大臣級官僚200名余りに対して、中国のハイブリッドライスを紹介。

4月17日～18日、母校の西南大学を訪問し、西南大学合併10周年および開校110周年記念式典に参加。

9月21日、論文「イネの雄性不稔性」発表50周年座談会を湖南省農業科学院で開催。

10月3日、香港会議展覧中心で第1回呂志和賞――世界文明賞（持続可能性賞）を受賞。

10月20日～21日、夫人の鄧則と故郷の江西省徳安県を視察。袁家山科学普及教育基地及び落成した隆平学校を見学し、学校の発展のために10万元を寄付。

11月24日、湖南省袁隆平農業科技奨励基金会第9回「袁隆平農業科技賞」を国家ハイブリッドライス工程技術研究センター高原育成モデルセンター、河北省シリコンバレー農業科学研究院「超優千号100ムー計画」プロジェクトチーム、広東省「華南スーパーライス1ムー当り1500kgグリーン高効果モデル計画」プロジェクトチーム、湖北省蘄春県スーパーハイブリッドライス「南方再生二期作100ムー圃場超収量モデル計画」プロジェクトチーム、広西省灌陽県「スーパーハイブリッドライス高収量計画」プロジェクトチーム、山東省莒南県「北方高緯度スーパーハイブリッドライス100ムー高収量計画」プロジェクトチーム、湖南省隆回県羊古坳鎮「スーパーハイブリッドライス高収量モデル計画」プロジェクトチーム、湖南省広播電視台ニュースセンター取材チームなど8つの機関と団体に授与。

2017年

6月18日、湖南省歌舞劇院創作の大型ミュージカル『袁隆平』が湖南大劇院で初演される。

7月18日、西南大学により創作された袁隆平の精神を称える現代劇『イネに問う』が西南大学キャンパスで初演される。

10月18日、中国共産党第19回全国代表大会開幕式および10月24日の閉幕

式に特別招待者として列席。

　研究チームを率いてイネの大面積モデル（100ムー連結圃場）で世界最高収量の記録を樹立、第3代ハイブリッドライス育種技術および耐塩性のイネ研究を主管し、耐塩イネ研究、低カドミウムイネ研究で成果を挙げる。「種三産四」多収穫プロジェクトの目標を達成し、「三一」食糧高収量プロジェクトを推進。国家科学技術進歩賞イノベーションチーム賞、湖南省イノベーション功労賞、湖南省科学技術進歩賞1等賞を受賞。

2018年

　4月12日、海南省三亜市の「南繁」の視察を行う習近平総書記に同行して、海棠湾の国家南繁科研育種基地の「超優千号」スーパーハイブリッドライスモデル圃場を案内。

　8月31日、湖南ハイブリッドライス研究センターを訪問したギニアビサウ共和国のジョゼ・マリオ・ヴァス大統領から、ギニア・ビサウ共和国へ視察と調査研究のため招待される。

　9月3日、スーパーハイブリッドライス雲南省箇旧モデル基地でイネ大面積栽培収量世界記録を刷新し、100ムーモデル圃場で1ムー当り平均収量1152.3kgを達成。

　9月6日、湖南ハイブリッド研究センターを訪問したシエラレオネ共和国ジュリウス・マーダ・ビオ大統領から、シエラレオネ共和国でハイブリッドライスの普及を通じて、食糧安全問題の解決を促進し、国民の福祉向上への協力を求められる。

　9月7日、湖南省長沙市で開催された第1回国際イネフォーラムの開幕式に出席。

　9月、中国科学院院士の李家洋、張啓発と共同で第3回未来科学大賞「生命科学」賞を受賞。

　12月18日、ハイブリッドライス研究の創始者として、中共中央、国務院から「改革先鋒」の栄誉賞号と表彰メダルをそれぞれ授与される。

2019年

　2月27日、「第3代ハイブリッドライス」プロジェクトにより、湖南省技術発明賞1等賞を受賞。

　3月28日、ボアオ・アジア・フォーラム2019年年次総会において、李克強国務院総理と会見し、国家耐塩イネ技術イノベーションセンター設立を求める

報告を行う。

6月3日、『科学研究業務に関する通達』をしたため、湖南ハイブリッドライス研究センターの現在の三大重点科研課題を、スーパーライス高収量問題の解決、耐塩イネ品種の選抜、第3代ハイブリッドライス技術の応用推進とする。

9月29日、共和国勲章および国家栄誉称号授与式において、習近平国家主席から共和国勲章を授与される。

2020年

11月2日、通常生態エリアで二期作イネの収量で大きく記録を更新──湖南省衡南県雲集鎮の30ムーモデル圃場で、第3代ハイブリッド晩稲および第2代ハイブリッド早稲の二期作で1ムー当りの収量が1500kgを突破し、1530.76kgを達成。

11月16日、チリのマゼラン海峡賞を受賞。

2021年

5月9日、海南省三亜市で実施された「1500kgプロジェクト」の早生スーパーハイブリッドライスが1ムー当りの収量で1004.83kgを達成。通年二期作の1ムー当りの収量で1500kgの達成を見込む。

5月22日、湖南省長沙市で病没。

付録5

袁隆平院士の主な受賞歴

<table>
<tr><td rowspan="10">中国国内</td><td>1981年 6月</td><td>国家特等発明賞</td></tr>
<tr><td>1999年10月</td><td>全国「専門技術傑出人材」賞</td></tr>
<tr><td>2001年 2月</td><td>第1回国家最高科学技術賞</td></tr>
<tr><td>2007年 9月</td><td>「全国道徳模範」称号</td></tr>
<tr><td>2012年12月</td><td>「全国食糧生産貢献農業科学技術者」称号</td></tr>
<tr><td>2014年 1月</td><td>国家科学技術進歩賞特等賞</td></tr>
<tr><td>2018年 1月</td><td>国家科学技術進歩賞「イノベーション団体賞」</td></tr>
<tr><td>2018年 9月</td><td>未来科学大賞「生命科学賞」</td></tr>
<tr><td>2018年12月</td><td>「改革先鋒」栄誉賞号</td></tr>
<tr><td>2019年 9月</td><td>共和国勲章</td></tr>
<tr><td rowspan="18">海外</td><td>1985年10月</td><td>世界知的所有権機関（WIPO）「傑出した発明家」金賞</td></tr>
<tr><td>1987年11月</td><td>国連教育科学文化機関（UNESCO）「科学賞」</td></tr>
<tr><td>1988年 3月</td><td>英国ランク財団「農学と栄養賞」</td></tr>
<tr><td>1993年 4月</td><td>米国ファインスタイン財団「世界飢餓救済賞」</td></tr>
<tr><td>1994年 5月</td><td>第1回何梁何利基金「科学と技術進歩賞」</td></tr>
<tr><td>1995年10月</td><td>国際連合食糧農業機関（FAO）「食糧安全保障栄誉賞」</td></tr>
<tr><td>1996年 5月</td><td>日本経済新聞社「日経アジア賞（経済技術部門）」</td></tr>
<tr><td>1997年 8月</td><td>第3回作物遺伝および雑種強勢利用国際学術会（メキシコ）「国際農作物雑種強勢利用分野における傑出した先駆的科学者」栄誉称号</td></tr>
<tr><td>1988年11月</td><td>日本コシヒカリ国際稲表彰事務局「コシヒカリ国際稲賞」</td></tr>
<tr><td>2001年 8月</td><td>フィリピンラモン・マグサイサイ賞財団「ラモン・マグサイサイ賞」</td></tr>
<tr><td>2002年 5月</td><td>ベトナム政府「ベトナム農業および農村発展栄誉メダル」</td></tr>
<tr><td>2004年 5月</td><td>イスラエルウルフ財団「ウルフ賞農業部門」</td></tr>
<tr><td>2004年 9月</td><td>タイ王室「金の鎌賞」</td></tr>
<tr><td>2004年10月</td><td>世界食糧賞財団「世界食糧賞」</td></tr>
<tr><td>2005年11月</td><td>アジア太平洋種子協会（APSA）「APSA優秀研究業績賞」</td></tr>
<tr><td>2010年 3月</td><td>フランス政府「フランス農事功労章コマンドゥール」</td></tr>
<tr><td>2010年10月</td><td>日本食の新潟国際賞財団「食の新潟国際賞」</td></tr>
<tr><td>2012年 1月</td><td>マレーシアマハティール科学賞財団「マハティール科学賞」</td></tr>
<tr><td>2016年10月</td><td>呂志和賞有限会社——世界文明賞（持続可能性賞）</td></tr>
<tr><td>2020年11月</td><td>チリ外交部「マゼラン海峡賞」</td></tr>
</table>

あとがき

　2021年5月22日、『袁隆平画伝』の出版を目前に袁隆平院士が逝去された。病院で看病をしていた私はその時、悲しみに暮れ涙が止まらなかった。万感の思いがこみ上げ、過去の様々な出来事が走馬灯のように駆け巡った……。
　私は袁院士の下で25年間働き、袁院士の身をもって示される模範と内面の教養を常に感じとってきた。袁院士は「ハイブリッドライスの父」と称えられ、世界の研究者からハイブリッドライス技術の創始者として尊敬を集めてきた。国内唯一の国家特等発明賞も袁院士の研究グループに授与されている。ハイブリッドライスは中国が独自に作り出した成果であるのは、広く知られている。ハイブリッドライス技術は誕生以来、大幅な収量増加を可能にし、中国の食糧問題解決に重要な役割を果たしてきた。この50年余りの間に、ハイブリッドライス技術は三系法から二系法へ発展し、スーパーハイブリッドライスが再び注目を浴びて20年余りが経った。現在では第3代ハイブリッドライスの時代を迎え、進化したハイブリッドライスがその力を発揮しようとしている。中国人が長期にわたりハイブリッドライスに特別な思いを持つのは、ハイブリッドライスが中国の食糧保障を大きく支えてきたからである。その功労により、袁院士に中国初の共和国勲章が授与された。中国のハイブリッドライス技術は世界の最先端にあり、中国はハイブリッドライス研究分野で誇り高くその存在感を世界に示している。そして「1粒の種子」は中国の食糧問題を解決しただけではなく、世界の食糧安全を保障する大切な宝にもなっている。

（1）

　袁院士は常にイノベーションを積極的に推進していたが、その背後には一体どのような精神と力があったのだろうか。私はこの問題を考え続けてきた。そして、長い時間をかけて、普通の人は境遇に甘んじてしまうものだが、袁院士は何事にも決して妥協することも、しきたりにとらわれることもなく、強い好奇心と疑問を持ち続ける人だったと分かった。袁院士は大学卒業後、湖南省の

安江農業学校に配属され教職に就いた。当時は授業数に対して教師の数が足りず、特に袁院士のような専門知識を持つ教師は非常に少なかったため、毎日多くの授業を受け持った。安江農業学校は環境に恵まれ、袁院士は教育活動に従事する間、何の不足もなく、充実した日々を過ごした。袁院士はそのような恵まれた境遇にいながらも安閑とせず、課外の時間を科学実験に費やすようになった。1961年の夏のある日、いつものように課外の時間を利用してイネの圃場を観察していた袁院士は、生育が極めて優れた特異なイネを発見した。のちに、この特異なイネは袁院士にインスピレーションをもたらした——雑種強勢は自然界の普遍的な現象であるため、イネも例外ではないとのひらめきを与え、このイネが「天然のハイブリッドライス」だと気づかせた。1926年、米国のジョーンズによりイネは雑種強勢現象を持つことが発見された。しかし、従来の遺伝学原理では「自家受粉作物の自殖は生育の旺盛さを消さないため、他殖は一般的に雑種強勢を現さない」と事実上見なされていた。そして、当時の教科書やこの分野の関係者は「イネは自家受粉植物であるため、交雑に強勢はない」との考えを定説としていた。では、袁院士は当時、一体どのようにこの「権威」に挑んだのだろうか。

　袁院士は科学研究を行うこと自体がイノベーションだと語ったことがある。まさにイノベーション自体に非常に大きな魅力を感じていたため、飽くなき探究心を持った袁院士は、この定説に挑まずにはいられなかったのだろう。袁院士は作物の交雑において強勢の有無を決める要素は自家受粉や他家受粉という繁殖方法ではなく、親本の遺伝性の差異に依ると考えた。そして「イネなどの自家受粉植物には雑種強勢がない」との理論の聖域に猛然と挑んだ。なぜなら袁院士は「真実の権威は実践から生まれる」と深く信じていたからである。さらに、「天然のハイブリッドライス」が顕著な雑種強勢を現すことを観察しており、自らが行った人工的な交雑実験でも、雑種第1世代に現れた雑種強勢現象を確認していたことが理由に挙げられる。自然界で繰り返し起きていたこの事実は、もし「権威」に盲従していれば、真実を見逃す危険性があることを証明している。袁院士はイネには雑種強勢がある以上、イネの雑種強勢利用に成功すれば収量の向上が可能だと考えた。そこで、イネの雄性不稔性の研究課題に着手し、ハイブリッドライスを育成する決意を固めた。その後、9年間の苦労を経て、ついに成功を収めた。

　国際稲研究所前所長のスワミナサン博士は、袁院士の80歳の誕生日に祝福のメッセージを送り、「自家受粉植物であるイネがこのような商業的利用を収めるとは、誰もが想像さえできなかったことだ。雑種強勢の開発と利用に成功

し、袁院士は不可能を可能に変えた」と高く評価した。袁院士は勇敢に挑戦するだけではなく困難を恐れず、世界でイネの雑種強勢利用の第一人者になった。そして、イネの育種史上劇的な快挙を成し遂げ、ハイブリッドライスの創始者として「ハイブリッドライスの父」と称賛されるようになった。

(2)

　袁院士はよく「小さな頃から高跳びが好きだった。科学研究に従事している今も、1つの記録を超えてもまた新たな記録が待っており、まるで高跳びに挑戦しているかのようだ」と話した。このような科学に対する探求心を、袁院士は生まれながらに持っていたのだろう。袁院士はこの生まれ持った天性のため、科学研究において常に満足することはなかった。

　1970年代半ば、中国でハイブリッドライスの生産普及が進むと、20％の増産を実現させた。実際のところ、袁院士はこの頃には大きな功績を挙げて名誉も手に入れていたため、その業績にあぐらをかいていることもできた。しかし、袁院士は探求をあきらめず、50歳を超えてからも全国の専門家を集めて協力チームを組織し、二系法イネの研究を展開した。その結果、1995年に再び研究に成功した。その後も袁院士は、スーパーハイブリッドライス高収量計画を引き続き行った。私は幸運にも袁院士のそばでスーパーハイブリッドライス研究の全過程を目にすることができた。1997年からスーパーハイブリッドライスへの挑戦が始まって20年足らず。2000年、2004年、2011年、2014年と研究チームを率いて行ったスーパーハイブリッドライス大面積モデル栽培において、1ムー当りの収量でそれぞれ700kg、800kg、900kg、1000kgという第1期、第2期、第3期、第4期の目標を達成させた。収量を大きく向上させ、袁院士はもう止める時かと自問されたに違いない――だが、袁院士はまだ満足できないとの結論を出した。なぜなら袁院士は、海外の科学者がイネの光合成エネルギー利用率の理論に基づき、太陽エネルギーの5％は有機物に変換可能だと予測したことを知っていたからである。袁院士はこの理論的数値に基づき、2.5％の光合成効率で、長沙市への太陽の照射量に基づいて計算し、一毛作で1ムー当り1500kgの収量が可能になると考えていた。よって、1ムー当り1000kgの収量を実現しても、更に高い収量を目指すことが理論的に可能となるため、袁院士はより高収量のスーパーハイブリッドライス選抜を目標に掲げ、努力奮闘を続けた。このように、袁院士は目標を1つ達成するとまた刺激を受けて新たな目標の達成を目指した。2018年、大面積モデル生産で、スーパーハイブリッドライスの収量は再び最高値を記録し、1ムー当りの収量で1100kgの大台を超えた。特に

雲南省箇旧市大屯鎮の100ムーモデル圃場において、1ムー当りの収量で1152.3kgを実現し、大面積栽培での世界記録を更新した。
　スーパーハイブリッドライスの絶え間ない記録の更新は、袁院士の「永遠に満足しない」精神を反映しており、ハイブリッドライスの超収量に対する探求は、まるで無限に続いていくようだった。スーパーハイブリッドライスは袁院士に「如虎添翼（虎に翼をつけたようにより強くなる）」と形容されたため、国際会議ではスーパーハイブリッドライスを"tiger with wings"と呼ぶ出席者もいた。さらに、「イネの滝」の写真がスクリーンに映し出された際には"rice waterfall""wonderful rice"との称賛を受けることもあった。このように、ハイブリッドライスは袁院士が作り出した芸術品であり、その手で最高の水準へと磨き上げられていった。研究チームを率いて日夜奮闘する袁院士は、スーパーハイブリッドライスを従順な子どものように大切に育てた。収量記録の刷新を続け、イネの発展の歴史に新たな1章を書き綴っていたところ、「スーパーハイブリッドライスが1ムー当りの収量で1100kgの目標を達成したが、まだ次の目標があるのか」と聞く者もいた。後日、ある出来事が人々の注意を引いた——2019年9月29日、共和国勲章および国家栄誉称号の授与式で、習近平国家主席にハイブリッドライスの進展について尋ねられた袁院士が、1200kgに向けてラストスパート中だと答えたことである。
　袁院士は「科学の探究は終わりがない。探求は人生の快楽でもあり、研究に取り組む姿勢である。楽しくて疲れることはない」、さらに「最新の成果を出すことが何より楽しい。成果により名誉が手に入るかどうかは関係ない。充実感を覚えれば、また新たな気持ちで次の成果が出せる。これまでの業績に満足したくはない。努力と献身の気持ちを持ち続けたい」と語った。袁院士は研究事業に対して最高の水準を求めていた。中国科学院の銭前院士は「私たちは世界と肩を並べることができた。袁隆平院士の功績は非常に大きい」と語った。

（3）

　イネの収量向上の追求に、袁院士は探求の醍醐味を味わうとともに、何よりも喜びを感じていた。袁院士は2つの夢があると常々話した。1つ目が「稲穂の陰で涼む夢」であり、2つ目は「ハイブリッドライスで地球を覆う夢」である。袁院士の一生の夢とは、全ての人を飢餓から遠ざけることだったといえよう。「天下の興亡は、匹夫も責あり」の言葉のように、袁院士は1人の人民として国家の大事を気にかけ、初心と使命感を胸に抱き、人々を養おうとする思いを持ち続けた。

袁院士が安江農業学校で初めて受け持った卒業生たちが長沙で集まりを開いた時に、1954年に起きた水害に話が及んだ。湖南省は当時、甚大な被害を被った。洞庭湖の堤防が水没したため、食糧生産が激減した。全国で食糧の配給が行われ、当時成長期だった学生は、毎日供給されるコメでは腹を全く満たせなかった。その時、袁院士が自身も飢えを我慢しながら皆を励ました言葉を、教え子たちは今でも覚えていた——「これは天災だ。『天』をコントロールすることはできない。だが、私たちは農業を学んでいる。人々の食糧問題の解決は私たちの天職だ」。そして、袁院士は学生たちを率いて試験圃場を見回り、土壌改良から着手して土地の肥沃度を高め、耕作や遺伝育種などを試し、一歩一歩食糧問題を解決していった。

　袁院士は当時1人の教師にすぎなかったが、民族の利益という立場に立って働き、1人の人民としての役割を果たした。この事から、人として袁院士のように自らと民族の命運を結びつけて真剣に考え、責任感と使命感を抱いて行動すれば、大きな影響力を生み、人生の価値は計り知れないほど大きくなるといえるだろう。

　中国で近年の食糧問題が生じる以前から、袁院士は常に食糧問題を憂慮していた。「種三産四」多収穫プロジェクトを通じてハイブリッドライスの普及促進を提起し、2006年に湖南省でまず実施された。袁院士はこの計画を通じて、湖南省で2020年までに20億kgの籾増産の目標を達成できると見込んだ。中国共産党湖南省委員会と省政府は「種三産四」多収穫プロジェクトを積極的に支持し、農業担当の副省長自ら計画実施の陣頭指揮にあたり、迅速に進められた。2017年には「種三産四」多収穫プロジェクトの推進モデル面積が累計で1500万ムー（100万ヘクタール）、籾の増産は17億7300万kgに達した。続いて袁院士は北回帰線以南の中、低海抜地域および長江流域で「三一」食糧高収量プロジェクトの実施を提起した。二毛作のスーパーハイブリッドライスの栽培や、スーパーハイブリッドライスと一毛作のジャガイモの組み合わせで栽培を行うなどのモデルにより「三分田」（約2アールの土地）で1年間に365kgの食糧を生産し、1人が必要とする1年分の食糧をまかなう計画である。2020年、新型コロナウイルスが世界で突如猛威を振るい始めると、袁院士は『農民日報』でスーパーハイブリッドライスの普及を大いに進め、国のために100万トンの食糧増産に努力するとともに、新型コロナウイルス抑制と食糧生産を両立させるよう人々を励まし、食糧生産の重要性と強化を訴えた。袁院士には先見の明があった。新型コロナウイルスが広まると多くの国が食糧の輸出を禁止したため、中国人は自らを頼らざるを得ない状況になったのである。袁院士の一声は、中

国人全体に安心感を与えた。その後、袁院士は「1500kgプロジェクト」、つまり第3代ハイブリッドライスを応用し、二毛作により通年で1ムー当たり1500kgを実現させるプロジェクトを再び立ち上げた。袁院士はこのように中国の食糧安全の問題に常に注意を払っていた。袁院士は食糧生産を支え、習近平総書記の「中国人の飯碗はいかなる時でも、自分の手にしっかりと握っていなければならない」という重要な指示を忠実に実行していたのである。

　中国人の飯碗に盛るのは中国のコメでなくてはならない。袁院士は「蔵糧于地、蔵糧于技（土壌の品質を保証し、科学技術の進歩により食糧増産を促進する）」と言った。そして、イネの単収の潜在力を向上させると同時に、アルカリ性の土地を利用し、耐塩性のあるイネを栽培してコメの作付面積を拡大させるという新たな着想を得た。2019年3月28日、海南省で開かれたボアオ・アジア・フォーラム2019年年次総会に出席した李克強総理は多忙の中、袁院士と会見した。その理由は、袁院士が国家の食糧安全を保護するという立場から、耐塩イネ研究開発事業の提起を行い、李克強総理、科技部および農業農村部など関連部門から高い関心を集めていたからである。この技術イノベーション新計画では、8年以内に耐塩イネ1億ムー（約667万ヘクタール）前後を栽培し、1ムー当りの収量を300kgと計算すると、毎年300億kgの籾の生産が可能だとした。これは湖南省1年分の食糧総収穫量に相当し、8000万人分を養える計算である。

　袁院士は常に遠望を持って科学研究事業に取り組んだ。国の命運と人々の苦しみを憂慮し、一人ひとりを養うことにまで心を砕いていたことに、私は常に心を打たれていた。袁院士はまさしく、最高の使命感を持った人民だったといえる。袁院士はこのように勇敢にも重責を果たし、米国のブラウン博士の「誰が中国を養うのか」との問いは、杞憂にすぎなかったのである。

　袁院士は博愛の人であり、常に「ハイブリッドライスを発展させ、世界に幸せをもたらす」ことを崇高な目標とした。その結果、世界食糧賞財団からは世界食糧賞の授与時に次のような評価を得た——30年余りの卓越した研究を通じて得た貴重な経験および中国の食糧不足を改善し、十分な供給を実現させたという大きな貢献により、本賞を袁隆平院士に授与する。袁院士はスーパーハイブリッドライスの研究に従事し、世界の食糧保障と貧困撲滅のために、明るい未来を示した。輝かしい成果と卓越した遠望は、食糧を更に充足させ、世界の食糧保障をより強固にしている。同時に、米国を含む10カ国余りの国々に対して技術の教授と普及を行い、これらの国に対しても大きな利益をもたらしている。

(4)

　非凡な人生は、袁院士を模範とされるべき精神を持つ人物へと育て上げた。
　袁院士は相反する特性を併せ持つ人物だった。例えば、当時国内の閉鎖的な環境下でハイブリッド研究に従事しながら、最先端の知識に不足することなく、国際的な視野、戦略的な考えを持っていた。科学研究を頑なに行うと同時に、自由な気ままさも持っていた。先進的な思想を持ちながら、泥だらけになって農作業もこなした。身なりにはこだわらないが、歌やバイオリン、さらにはダンスも好んだ。高尚でもあり、そうでない面もある……袁院士はまるでその全てをうまく調和させた存在であるように感じられた。
　2004年、袁院士は「中国を感動させた人物」に選ばれ、次のように紹介された——まさに勤勉な努力家である。農村の一教師だった時に、すでに世界的な権威を覆すほどの大胆さと知識を持っていた。名声を得ても名誉や財産にはこだわらず、依然として農業に専念し続け、一介の農夫として智慧の種をまき豊かな収穫をもたらしている。
　袁院士は一見凡人に見えるが、実はそうではない。マスメディアが農民としてのイメージを作り上げた結果、農民の中から生まれた知識人と思われ、さらには農民出身の科学者であるかのように誤解されている。しかし、袁院士は教育を重んじる優れた家庭の出身であり、元々は中国の大都市で暮らしていた。そのため、「農業」とはほとんど縁がなかったが、ある時農業に触れて以来、農業に全てを傾け、中国だけではなく世界の食の安全へと懸命に取り組むようになった。天から遣わされた飢餓を救う神のように、その一生を捧げてハイブリッドライス大事業を興し、イネを育て、永遠に私たちの食を守り続けてきた。
　袁院士は科学者でありながら芸術を愛した方だった。袁院士はハイブリッドライス研究に詩的な境地をもたらしたとさえいえるだろう。科学研究にインスピレーションを求める時でさえ、芸術的な感性を忘れなかった。袁院士はインスピレーションが科学研究においても、芸術創作活動と同様に非常に重要な役割を果たすと考えていた。さらに、インスピレーションとは知識、経験、探求、思索などが一体化してできあがる精華であり、外部要素の誘発により起きると同時に、一瞬のひらめき（思想の火花）として現れると話し、思想の火花を取りこぼすことはなかった。袁院士が当時、圃場で発見した生育が極めて優れた特異なイネから「天然のハイブリッド」を見抜くというインスピレーションを得た時も、恐らくこのような一種の芸術創作活動的な体験を通じて、科学研究が芸術に通じるようなひらめきを得たのだろう。
　袁院士は夢を見るときでさえ、芸術的な想像力を働かせていた。飢餓に苦し

んだ人々の悲惨な記憶を作物が豊穣に実るというロマン的な詩情あふれる美しい世界——「稲穂の陰で涼む夢」の世界へと昇華させた。さらに袁院士は、中国での農業の現代化とは機械化だけではなく、芸術化が必要だと語ったことがある。袁院士は現実離れした話をしていたのではない。袁院士は農民のためにイネの収量をより向上させるために懸命に取り組んでいた。これは、農民は農作業をするだけでは豊かにはなれないと考え、農民が「工夫して豊かになる」ための方法を模索を続けていた現れだった。このように、袁院士はハイブリッドライス事業に詩的な境地をもたらすとともに、思いやりも込めていたといえよう。

(5)

2019年、めでたく90代となった袁院士は「『老驥櫪に伏すとも、志千里に在り』の気持ちで、私には叶えたい2つの夢がある」と語った。卒寿を迎えても、袁院士は以前と変わらず海南省の三亜市に赴き、ハイブリッドライスの「南繁」研究を続けた。のちに「南繁」を行っている途中に病床に就いたが、それでもなおハイブリッドライス事業に心を砕いていた。死期が近づいても、ハイブリッドライスが頭から離れず、第3代ハイブリッドライスの研究開発や各技術のプロセスを気にかけていた。さらに気温、天候、播種、種子生産など細々としたことも心配し、「会議をする」「注意すべき点がある」とうわごとを言った。袁院士の頭の中には、まるで壮大な映画のようにハイブリッドライスにまつわる各シーンが広がり、その中で、映画監督のように一つひとつの作業を指揮し、研究開発の各役割を割り振っていたのだろう。

袁院士は第3代ハイブリッドライスから離れることができなかった。なぜなら第3代ハイブリッドライスの技術は、我が国のハイブリッドライス技術が目指すべき方向だと考えていたからである。共和国勲章の授与式で、袁院士が習近平総書記に話したのも、この第3代ハイブリッドライスのことである。試験圃場において、二期作のイネの1ムー当りの収量はすでに1500kgを越えていた。これは画期的な進歩を意味し、ハイブリッドライス技術が新たな歴史の段階に入ったことを意味していた。

袁院士は研究事業に命をかけ、ハイブリッドライスは袁院士の魂そのものだった。そして袁院士はハイブリッドライスの精神的な象徴となり、その生死を超えた存在になっている。

同時に、袁院士は楽観さと頑強さを併せ持ち、病状がどんなに重くなっても弱音を吐かなかった。袁院士が私たちに永遠に残したのは、その元気で楽観的

な姿だった。強い意志の力で、過去にハイブリッドライス事業でいかなる困難があっても恐れなかった。そして死を前にしてもその苦しみを黙って受け入れ、生死に対しても穏やかに向き合った。命が燃え尽きようとしている時すら、病床で私たちと一緒に昔を懐かしみながら好きな歌——『私の祖国』『歌唱祖国』『紅色娘子軍連歌』『おおカリーナの花が咲く』などを歌った。袁院士の歌われた『長征祖歌』は私の心の奥底に深く響き、感動で心が震えた。袁院士は全てを超越した力で精神的な存在となり、なおも私たちを励まし続けている。

　袁院士は完璧な方だった。そして、袁院士は今、輝く星になり空高く大地を俯瞰している。袁院士の歩んだ人生は私たちが進むべき道を示す光となった。その光は「稲穂の陰で涼む夢」とハイブリッドライスで地球を覆うという偉大な夢の実現を見守ると同時に、ハイブリッドライス事業の永続的な発展を通じ、世界に幸せをもたらせるように導いている。

　稲穂の波を愛で、この上なく風流だった袁院士。袁院士は生前も亡くなった今も、性別、年齢、職業を問わず多くの人々からの尊敬の対象であり、永遠に私たちの心の中にいる。以前、空港の書店で『宋美齢画伝』を見かけたのをきっかけに、袁院士のために同様の画伝を作りたいと思った。袁院士の側近で長年働いてきた者として大きな使命を感じ、袁院士から許可もいただいてまとめたこの『袁隆平画伝』を、ファンの方々および多くの読者の方々に捧げたい。そして、袁院士を思い懐かしむ気持ちを満たしていただけるよう願っている。袁院士の非常に優れた人となりを本書に書き記す仕事を担えて非常に光栄に感じるとともに、楽しく作業をさせていただいた。飢餓との闘いを克服した科学者である袁院士の輝かしい科学力と人格の輝きを詳細に記録し、特に多くの写真を用いて袁院士の人生の奮闘の歴史を明らかにするのは、非常に価値があると同時に意義深いことだと感じている。

　本書を編纂するにあたり、袁院士ご本人および鄧則夫人、ご家族の皆様から並々ならぬご支援をいただいた。中国工程院、中国科協、湖南省農業科学院、湖南ハイブリッドライス研究センター、国家ハイブリッドライス工程技術研究センターおよび袁隆平農業科技奨励基金会、隆平高科などの機関から、袁院士の業績および精神を広めることを目的とした本書編纂活動に多大なご支援を頂いた。湖南省農業科学院党委柏連陽書記および単楊院長を初め、湖南ハイブリッドライス研究センターの斉紹武、張徳咏、陳紅怡など幹部の方々からも多大なるご配慮を頂いた。特に湖南ハイブリッドライス研究センターの文書保存所および張橋、黄偉玲、鄧林峰、黄婧、謝兵などの同僚からは、保存書類など資料の提供や問い合わせなどの作業に協力を得た。謝長江、全永明、青先国、鄧

華鳳、羅閏良、馬国輝、彭既明、趙炳然、魏科、張其茂、呉朝暉、廖伏明、鄧啓雲、李承夏、田妍、黄思娣、朱虹瑾、李超英、張卓才、楊耀松、羅路斌、付元融、楊暁紅、陶璨、許文燕、李亦群、譚思思、羅琳、陳嬌、欧陽紅、欧陽愛輝、戴牛松などの同僚からも大きな助力を得た。農業農村部弁公室の劉均勇、常俊虹、米国ライステック株式会社の褚啓人CEO顧問、フィリピン華商会林育慶会長、広州海峡文化交流促進会劉敏会長などの友人からも積極的な励ましや支援が寄せられた。新華社、人民日報社、光明日報社、科技日報社、農民日報社、中国青年報社、湖南日報社、湖南電視台、長沙晩報社、さらには致富快報社などの新聞社および記者、特に王平、林承先、谷一均、楊武敏、譚毅挺、呂学謙、朱世駿、趙衆志、王建平、韓世祺、湯徳勝、易可可、李杜、周勉、老後、劉一民など多くの著名なカメラマンや記者から提供していただいた袁院士の各時代、各場面の写真はどれも秀逸であり、非常に貴重な資料になった。傅国、傅博、常立沙、張建福、呂川根、丁忠民、何光華、陳徳玖、袁聯偉、胡佳武、王聡田、謝培栄、鄧玉琼、曽春暉、廬以群、丁習鈞、余頂新、向鵬、謝放鳴、曽艶、黄大輝、唐敏、張立軍など多くの友人に対しても、貴重な写真や資料の提供を通じた本書編纂への尽力に感謝する。袁院士がかつて教鞭をとった安江農業学校（現湖南省懐化職業技術学院）、母校の西南大学、武漢博学中学、南京師範大学付属中学、重慶市南岸区竜門浩隆平小学校、湖南省澧県弘毅小学校、故郷の江西省徳安県政協、県志弁公室、袁家山科学普及教育基地などからも貴重な資料のご提供をいただき、深く感謝したい。本書の内容は時間的にも空間的にも非常に膨大であるため、情報、資料、写真、および様々な角度から支えてくださった方々に対して、全ての関係者に連絡を差し上げることや出典を明記することが困難であり、個別にお礼をお伝えできないがどうかご了承いただきたい。最後に、皆様のご協力のおかげで本書の内容に輝きを添えることができ、いただいたご理解とご支援に心からの感謝の気持ちをここに表したい。

　本書のために序文を寄せていただいた元農業農村部党組書記・部長の韓長賦氏、世界食糧賞財団名誉会長ケネス・M・クイン氏のご厚情に深く感謝する。同時に、施芝鴻先生および曽松亭博士からいただいた格別のご支援にも心から謝意を表したい。

　皆様から本書に対して貴重なご意見をお寄せいただくよう謹んでお願い申しあげるとともに、頂いたご意見は今後の内容更正に活用させていただきたい。

著者
辛業芸（しんぎょうげい）
湖南ハイブリッドライス研究センター 研究員

毛昌祥（もうしょうしょう）
広西省農業科学院 研究員

王精敏（おうせいびん）
国家ハイブリッドライス 工程技術研究センター 専属カメラマン

監訳者　段景子（だんけいこ）
翻訳出版家。1989年北京から来日。1996年より日本僑報社創立に参加。テンプル大学日本キャンパス、日本女子大学の教員などを経て、2004年より日本僑報社取締役社長。2008年より日中翻訳学院事務局長。2012年日中著作権代理センターを設立など、日中両国の出版界交流の促進に尽力する。高知県立大学大学院にて博士（社会福祉学）学位を取得。
広島大学特命教授、立教大学共生社会研究センター研究員、中国・開澤弁護士事務所日中著作権センター高級顧問などを兼任。
主な著書など、『日中中日翻訳必携　実戦編Ⅴ　―直訳型、意訳型、自然言語型の極意―』（日本僑報社）、『中国出版産業データブック』（日本僑報社）ほか多数。

訳者　田中悦子（たなかえつこ）
東京外国語大学外国語学部中国語学科卒。日中翻訳学院「高橋塾」で翻訳を学んだ。フリーランスの中日翻訳者。
訳書に『中国の農村振興』『日中国交正常化の舞台裏 ―友好を紡いだ人々―』（いずれも日本僑報社、共訳）など。

日中翻訳学院
日本僑報社が2008年に設立。よりハイレベルな日本語・中国語人材を育成するための出版翻訳プロ養成スクール。http://fanyi.duan.jp/index.html

ハイブリッドライスの父 袁隆平 画伝

2024年12月25日　初版第1刷発行
著　者　辛業芸（しんぎょうげい）、毛昌祥（もうしょうしょう）、王精敏（おうせいびん）
監訳者　段景子（だんけいこ）
訳　者　日中翻訳学院　田中悦子（たなかえつこ）ほか
発行所　富士山出版社
発売所　日本僑報社
　　　　〒171-0021 東京都豊島区西池袋3-17-15
　　　　TEL03-5956-2808　FAX03-5956-2809
　　　　http://jp.duan.jp/
　　　　e-shop「Duan books」
　　　　https://duanbooks.myshopify.com/

Printed in Japan.　　　　　　　　　　　　　　ISBN 978-4-86185-347-0　C0036
YuanLongping Huazhuan　©People's Publishing House 2021
All rights reseved original Chinese edition published by People's Publishing House.
Japanese translation rights arranged with People's Publishing House.
Japanese copyright ©Fujisan Press 2024